Édouard Schuré

La druidesse

I

Le Chêne d'Hû Gadarn

Au fond, sur une élévation rocheuse, le sanctuaire des Bellovaques est un temple druidique circulaire, bâti en pierres cyclopéennes. Ses colonnes massives sont des monolithes carrés, reliés entre eux par des blocs grossièrement équarris ; ouvertures entre le mur et le toit du temple ; celui-ci se compose d'une coupole ronde, formée de trois assises de pierres superposées.

Un escalier de trois larges dalles conduit à la porte du temple placée au milieu.

Sur le linteau supérieur de cette porte, on voit, comme une sorte de frontispice, un large bouclier rond, en bronze doré, avec au centre une tête échevelée en ronde-bosse, qui représente Bélen, le Soleil rayonnant.

A la partie supérieure du bouclier, est attachée une magnifique chevelure de femme, d'un blond fauve, dont les nattes pendent sur le disque d'or.

Devant la porte du temple, un trépied de bronze, où brûle une flamme légère. — Contre les murs du temple, des enseignes et des armes romaines sont disposées en trophées.

A gauche, un chêne millénaire. Son tronc énorme est creusé, à sa base, par les siècles. Cet enfoncement forme une sorte de chapelle, où sont suspendues des armes, des étoffes et toutes sortes d'amulettes. Le branchage gigantesque et encore verdoyant de l'arbre s'étend par-dessus le temple druidique.

Entre le temple et le grand chêne, une allée tortueuse d'arbres géants se perd dans la forêt épaisse.

A droite, la demeure de l'Archidruide, formée par une caverne dans une colline rocheuse. Une porte de bronze, en forme de trapèze, la ferme. — Du même côté, sur le devant de la scène, la pierre du sacrifice, rocher brut, où une cavité forme une chaise naturelle pour la victime.

Entre la demeure de l'Archidruide et le temple, une perspective s'ouvre sur un petit lac et les huttes rondes, à toit pointu, d'un village gaulois.

Il fait nuit. Quelques rayons lunaires éclairent vaguement la forêt et le temple.

Glaucus, cherchant à tâtons son chemin dans les ténèbres :

— Sommes-nous arrivés ?

Épodorix lui répond :

— Oui. Voilà leur sanctuaire.

On entend des sons de harpes et d'armes entrechoquées dans les branches du chêne.

Galucus, tendant l'oreille :

— Ces longs soupirs, ces sons étranges et ces voix, sont-ce des âmes ou des Dieux ?

Épodorix, haussant les épaules :

— Ce sont les harpes et les armes suspendues dans les chênes, vains hochets des Gaulois dont se joue le vent moqueur.

Galucus :

— J'y vois à peine... Horrible forêt !... Que ne suis-je à Rome, dans mon ergastule, à boire du Falerne !

Épodorix :

— Sois fier d'être ici, misérable esclave. Car jamais Romain n'a pénétré dans ce lieu redoutable. Voici le chêne trois fois millénaire de Hû Gadarn. Ils prétendent que le grand Ancêtre, le père de la race, le chef antique des Druides, apparaît dans le creux de l'arbre sacré, quand Velléda l'évoque dans ses extases.

Un rayon de lune éclaire le creux du chêne d'une vague lueur.

Galucus, effrayé :

— Ah !

Épodorix :

— Un Romain qui tremble ! As-tu peur de la lune ? (Il rit). Et voici la roche du sacrifice qu'ils appellent la pierre du Destin. C'est ici que coule le sang des victimes. Si tu tombais en leurs mains... toi l'espion de leur plus puissant ennemi, ils t'égorgeraient sur place.

Un autre rayon de lune tombe sur la pierre du sacrifice.

Galucus s'approche doucement du rocher, le touche, puis recule d'horreur :

—La pierre est froide et la mousse est humide de rosée... serait-ce de sang ? (Il frissonne.) Jupiter, sauve-moi !... Mais hâtons-nous... Où est, dis-moi, la chevelure de Velléda ?

Épodorix, railleur :

—C'est là ce que tu veux ? Voilà bien de l'audace. Toi, tu n'y perdras rien, mais moi j'y risque ma peau. Sais-tu ce que tu me demandes ? Ton orgueilleuse maîtresse, la femme du proconsul, Hédonia Tarquinia, convoite pour sa parure la plus belle chevelure de la Gaule, l'offrande de la Druidesse au Dieu du Soleil, le gage de sa virginité, le talisman de ses pouvoirs miraculeux. Et tu crois pouvoir ravir, toi l'obscur échappé d'une ruelle de Suburre, le joyau du temple et l'espoir des Gaulois ?

Galucus :

—Oui, par Bacchus, je l'espère, avec ton aide. Pour moi, c'est la délivrance. Hédonia Tarquinia m'a promis la liberté et trois mille sesterces si je lui rapportais ce trésor. Pour toi, c'est la faveur du proconsul, la préture de l'Arvernie... peut-être plus encore !...

Épodorix :

—Soit. Eh bien, tu vas voir.

(Épodorix monte les marches, se hisse sur une pierre d'appui, détache la chevelure du disque et revient vers Galucus qui le regarde avec une admiration mêlée de crainte.)

—Tu vois, le Dieu n'a rien dit. Tout autre aurait peur de sa vengeance, mais en vrai Gaulois je n'ai peur de rien. Sache-le, ami, ce ne sont pas les Dieux, c'est la ruse des hommes qui tisse le destin !

Après avoir élevé triomphalement la chevelure dans les airs, il la jette dédaigneusement dans les mains tendues de Glaucus.

Glaucus, caressant la chevelure retenue par un bracelet d'or incrusté de jaspe :

—Quelle toison d'or ! Quel fleuve de soleil ! Elle est chaude et soyeuse comme une peau de femme... Et qui possède la chevelure, possède le corps tout entier, disent les sorcières de Thessalie. Avec cette chevelure, ma savante maîtresse éclipsera toutes les patriciennes de Rome —et, qui sait?— avec cette proie, elle envoûtera la prophétesse des Gaules.

Épodorix, à part:

—Puisses-tu dire vrai, esclave crédule, car alors je serai roi. (Haut.) Va dire au proconsul qu'il saura par moi tout ce qui va se tramer ici.

Pendant que Glaucus enveloppe soigneusement la chevelure dans un lambeau de pourpre et la serre dans une sacoche de cuir, on entend de nouveau le gémissement des harpes mêlé au bruit des boucliers entrecho-qués par le vent.

Galucus:

—Encore ces bruits et ces voix... Maudite forêt!

II

Velléda et Katmor

La lune a disparu. Le jour se lève. Velléda, en robe blanche ourlée d'une broderie verte, imitant la fougère. Bras nus, cheveux fauves, couronnés de verveine. Une ceinture d'or, entrelacée de feuilles de chêne, retient sa robe à la taille. Une faucille d'or y est suspendue. —Elle sort, à gauche, les yeux hagards, comme absorbée dans sa méditation, s'arrête un instant devant le chêne, monte les marches de l'autel, ranime le feu et fait un geste d'imploration en levant les deux bras. L'Archidruide, qui vient au-devant d'elle est un homme encore dans la force de l'âge.

Katmor, sortant de sa demeure :

—Je te cherchais, ma fille. Sais-tu que c'est aujourd'hui le grand jour du Conseil armé et que les chefs assemblés ici attendent de toi l'oracle suprême qui décidera de la paix ou de la guerre ? Il faut qu'aujourd'hui, jour du solstice d'hiver et du retour de Bélen, le Brenn soit élu. Sinon, c'en est fait du pouvoir des Druides et de la liberté des Gaules.

Velléda lui répondit :

—Je le sais.

Katmor précisa :

—Les Dieux t'ont-ils fait entendre leur voix ?

Velléda :

—J'ai marché sous le chêne... dans la nuit profonde, j'ai consulté la Lune qui fendait les nuages... et dont les regards perçaient la ramure... Mais la lune s'est dérobée dans le ciel noir. L'âme d'aucun héros n'a fait vibrer la harpe d'argent... aucun Dieu n'a fait chanter la harpe d'or. Les branches immobiles tordaient leurs bras dans l'horreur sacrée de la forêt... et seul battait, dans le silence, mon cœur tumultueux. —Alors je me suis endormie ici, sous l'arbre de l'Ancêtre, au cœur du chêne de Hû Gadarn... et j'ai fait un rêve doux et terrible, qui me ravit... et m'épouvante...

Katmor:

—Quel rêve ? Parle.

Velléda:

—Je me suis revue dans l'île d'Inisthona, au sanctuaire de mon enfance, où les vagues de l'Océan s'engouffrent dans la grotte de l'Évocation. Et devant moi bouillonnait le limbe d'Abred, l'Océan des âmes, qui doivent revenir et s'incarner sur terre... L'une d'elles, un fier lutteur, nageait d'un bras vigoureux et parfois jetait le nom de Velléda parmi les vagues submergeantes. Ce cri me frappait au cœur. J'invoquai Bélen et Hû Gadarn. Alors, tout à coup, je vis le nageur sauvé près de moi... Je posai sur son front ma couronne de verveines... Une pluie de sang tomba sur nos têtes... et, sous la chaude rosée, nous grandîmes tous deux dans une étrange ivresse. Le peuple des Celtes criait: Victoire! Puis nous fûmes environnés des ténèbres, auxquelles succéda un immense incendie, d'où nous sortîmes resplendissants devant un Dieu nouveau, qui brillait sur le disque solaire et dont je ne pouvais soutenir l'éclat... Mais ses traits fulgurants nous enveloppèrent comme les rayons de l'astre-roi!...

Katmor:

—En t'éveillant de ton rêve, n'as-tu entendu aucune voix ?

Velléda:

—Si... elle venait de loin... du fond des espaces... comme un soupir de harpe... et disait: «Le salut sortira de la pierre du sacrifice.»

Katmor:

—Tu le vois! Il faut que le prisonnier meure... et meure de ta main!

Velléda, avec horreur:

—Jamais! Répandre le sang humain?... Mon cœur me le défend...

Katmor:

—Ton Dieu lui-même te le commande au nom de toute notre Gaule! Souviens-toi du passé et songe à ton serment. —Quand, jeune encore, je quittai l'Armorique, chassé par les Romains, je vins dans l'île de Bretagne pour affirmer la puissance chancelante des druides et m'instruire dans la science des Dieux. Dans la verte Erin, j'épousai ta mère Strinadona, la prêtresse de Korridwen, versée dans la science des plantes qui guérissent ou.qui tuent, dans les charmes lunaires qui enchaînent les hommes. Fleur suprême de sa sagesse et de mon amour, Strinadona me légua un trésor sans pareil... toi, Velléda... ma fille... fleur exquise et sauvage, née d'un désir et d'une espérance sans bornes!... Jeune encore, tu conversais avec les âmes et les esprits des éléments. Mais, pour me conformer à la volonté de nos Dieux anciens, Ésus et Tarann, je voulus te donner pour époux à l'un des chefs bretons, afin de sceller l'alliance entre Erin et l'Armorique, entre la Bretagne et la Gaule, pour lutter contre le Romain. Te souviens-tu de ce jour?

Velléda:

—Oui, comme d'un songe lointain.

Katmor:

—Venus sur leurs barques, les chefs étaient réunis, dans l'île d'Inisthona, devant la grotte des Dieux, aux colonnes de basalte, où l'Océan entre seul. La coupe d'hydromel à la main, tu devais la donner au héros que tu choisirais pour époux. Les chefs t'entouraient en cercle; leurs yeux brûlaient comme des torches. Mais toi, froide et tranquille, tu lis leur tour... Le soleil se levait sur la mer orageuse... Et soudain, versant l'hydromel sur l'autel de pierre, tu lanças la coupe à la mer en t'écriant:

«Non, personne de vous ne peut être mon époux. J'appartiens à ce Dieu qui chaque soir s'engloutit dans l'Océan et renaît chaque matin de sa tombe humide, j'appartiens à Bélen qui doit sauver la Gaule!...»

Alors, sur ton désir, nous vînmes ici fonder ce temple, au nom de ton Dieu. Et tu lui consacras ta chevelure, comme gage de ta virginité, afin que seul il te possède et qu'aucun homme ne ravisse ton amour. Ainsi tu devins la prophétesse de la Gaule révoltée. La Gaule est renée, regarde ces trophées, les dépouilles romaines affluent dans tes mains. Aujourd'hui le Dieu exige de toi la mort d'un ennemi, d'un coupable, d'un sacrilège, qui tenta de violer le sanctuaire et voulait te profaner...

Velléda, avec un mouvement de terreur et d'indignation:

—Dis-tu vrai?

Katmor:

—J'en jure par tous nos Dieux. —J'entends venir les chefs pour le conseil armé. Es-tu prête?

Velléda, résolue :

—Je vais me préparer.

Elle monte les marches et entre dans le temple.

III

LE CAPTIF

Au son des trompes gauloises qui retentissent, stridentes, entrent successivement Corrée, chef des Bellovaques, Cativolte des Carnutes, Litavic des Allobroges, Virdomar des Éduens, Volusénus des Tectosages, Kynval de l'Armorique, Épodorix des Arvernes.

Katmor, qui s'est placé, au haut des marches, devant l'autel, saisit un sceptre enguirlandé de feuilles de chêne et surmonté d'un dragon d'or:

«Au nom d'Ésus, de Tarann et de Bélen, salut aux chefs de la Gaule!

Cativolte, au nom de Bélen, à l'Archidruide: Salut!

Les sept chefs gaulois portent chacun un autre animal fondu en bronze à leur enseigne Corrée un sanglier, Cativolte un coq, Litavic un bouquetin, Volusénus un aigle, Virdomar un serpent, Épodorix une alouette, Kynval un cheval.

Tous les chefs inclinent leurs étendards devant Katmor en criant: Salut!

Katmor:

—Sommes-nous au complet?

(Les chefs frappent leurs épées sur leurs boucliers.)

—Les sept sont ici, la chaîne est formée; le conseil est ouvert. Que les Dieux nous écoutent et fassent entendre leur voix, ici. —Gaulois, le temps presse et le danger est imminent. Vous savez la nouvelle arrivée cette nuit?... Bibracte va se rendre...

Les chefs, sauf Épodorix, s'avancent vers Katmor en levant leurs étendards d'un geste d'indignation:

—Bibracte!

Katmor:

—Oui, Bibracte. Elle tient encore contre l'armée victorieuse du proconsul Métellus Torquatus. L'armée de secours de l'Armorique est repoussée. Si Bibracte est prise, c'en est fait de nous. Qui de vous est prêt à fournir une armée de secours pour délivrer la dernière sentinelle des Celtes du continent ? — Est-ce toi, Corrée, du pays des fiers Bellovaques, qui portes à ton enseigne le sanglier gaulois ?

Corrée :

— Oui, je suis de la race des Nerves et des Bolges qui résistèrent à César et se firent tailler en pièces, comme les broussailles inextricables de leurs forêts ; mais je ne puis, seul avec mon peuple, attaquer le Romain, pour courir au secours de Bibracte... Que les Carnutes nous donnent le signal... et l'étendard gaulois volera du Rhin jusqu'aux Alpes.

Katmor :

— Eh bien, Cativolte, qu'en dis-tu, toi le chef vénérable des Carnutes, au front chargé de neige, mais au cœur vigilant comme le coq dressé sur ton enseigne ?

Cativolte :

— Oui, je suis de la race de ceux qui sonnèrent la diane, au jour de la grande lutte contre César. Mais aujourd'hui les Romains tiennent en otages les grands chefs de notre pays. Si nous lançons les premiers le cri de la révolte, leurs têtes tomberont sous la hache des licteurs. Que les Allobroges donnent l'exemple — et nous nous lèverons.

Katmor :

— A toi donc, Litavic, de parler. Auras-tu l'audace du bouquetin des Alpes, qui montre ses cornes sur ton enseigne ?

Litavic :

— O grand Druide, nous sommes décimés depuis la dernière guerre. L'implacable Torquatus a vendu nos femmes et nos laboureurs à l'encan. Les centurions ont volé nos enfants pour en faire des recrues romaines. Nous n'avons plus ni chariots, ni chevaux, ni blés. Que les Aquitains nous en fournissent... et les derniers Allobroges marcheront sur Bibracte !

Katmor :

— L'entends-tu, Volusénus, toi le vergobret de Tolosa et l'envoyé des Aquitains ? Ne portes-tu pas à ton enseigne le roi des oiseaux, en souvenir de ton aïeul, le roi Bellovèse, que le vol des aigles guida jusqu'en Italie, et de son frère Sigovèse qui suivit leur cohorte aérienne jusqu'au temple de Delphes ?

Volusénus:

— J'entends et je réponds. Au nord, au midi, au levant, au couchant, quatre camps romains gardent à vue Tolosa. Avant que nous prenions les armes, il faut que ces camps soient détruits. Certes, nous nous battrons pour Bibracte, mais que nos voisins, les Éduens, commencent!

Katmor:

— A toi donc de parler, Virdomar, dont l'enseigne est le sage serpent, révélateur des chemins secrets et des voies ténébreuses.

Virdomar:

— Bibracte meurt de faim... et se défendra jusqu'au bout. Elle n'espère plus qu'en l'Arverne!

Katmor:

— A toi, Épodorix l'Arverne, le dernier mot.

Épodorix, sèchement:

— L'Arvernie est muselée et Gergovie une cité romaine. Pauvres Gaulois, débattez-vous. Sangliers, coqs, bouquetins, aigles et serpents, vous luttez en vain contre la louve romaine!...

Katmor:

— Est-ce bien la voix de la Gaule que je viens d'entendre et le cri de son conseil armé? Est-ce bien la voix de cette Gaule, qui courait sous le pavois des nuages au roulement de la foudre comme une Bellone armée, entraînant les peuples sur ses pas? Je ne vois ici que des chefs ennemis et pas un seul Gaulois. Si vous étiez de vrais guerriers et non des enfants qu'effraye le spectre de Rome, vous feriez sortir de ce sol, où poussent vos menhirs et vos temples, un homme, un chef, un Celte digne de ce nom. Celui-là se souviendrait du mot cinglant de notre grand ennemi, l'implacable César, le bourreau de la Gaule. Jules César a dit en pillant le trésor du Capitole, que les Romains amassèrent pendant huit siècles pour se défendre contre nous : «Il n'y a plus de Gaulois!» Avait-il donc raison?

Eh bien, ce chef, que je cherche en vain parmi vous, donnerait en gage sa maison, ses richesses, son clan, sa cité. Il risquerait tout, son sang et son âme et jusqu'au sort de sa peuplade —pour la Gaule. Que dis-je, il se laisserait égorger devant vous plutôt que de renoncer à la liberté des

Celtes. Celui-là seul serait digne de vous commander et de ramener dans vos rangs la victoire qui vous fuit avec les Dieux irrités !

Cativolte :

—Qu'il se montre et nous le nommons Brenn.

Tous les chefs, sauf Épodorix :

—Oui, un Brenn ! Un Brenn !

Épodorix :

—Vous n'en trouverez plus.

Kynval :

—Qui sait ? Attendons l'oracle de Velléda !

Cativolte :

—Oui, Velléda la prophétesse, qui ranima notre courage, à qui depuis dix ans nous portons les armes ravies aux Romains. Qu'elle paraisse enfin, qu'elle lise dans nos destinées.

Tous les chefs, sauf Épodorix :

—Velléda ! Velléda !

Katmor :

—Elle va paraître. Mais attendez, un mot encore... Velléda ne peut prononcer l'oracle, qui décidera du sort de la Gaule, avant que le sanctuaire ne soit purifié d'un sacrilège. Un inconnu s'est présenté au seuil de cette enceinte, il revendique une haute origine, mais refuse de dire son nom. Il voulait consulter la prêtresse et réclamait son oracle. J'ai chassé ce téméraire, qui est peut-être un espion des Romains. Or, la nuit où Velléda accomplit les rites devant le feu, l'impudent a franchi l'enceinte du sanctuaire. Les eubages l'ont saisi, au moment où il allait se jeter sur la Druidesse et lui arracher de force l'oracle. Depuis ce jour, le captif garde un silence obstiné. Je vous le demande à tous : qu'a-t-il mérité ?

Litavic :

—Le jugement.

Cativolte :

—Le supplice.

Corrée :

—La mort.

Katmor :

—Oui, la mort ! Il faut qu'il meure de la main même de la Druidesse qu'il voulut outrager. Quand les Dieux seront apaisés par le sang du coupable, Velléda, possédée de leur souffle et devenue Voyante, nous dira leur volonté. Qu'on amène le criminel.

IV

Le Prisonnier

Deux eubages amènent le Captif garrotté. Il porte une saie d'un bleu foncé, déchirée sur la poitrine, et quelques torques enroulés à son bras. Sa tête est enveloppée d'une gaze noire et son visage complètement caché. Ses mains sont liées sur son dos. On l'assied sur ta pierre du sacrifice, la tête renversée en arrière. Deux autres eubages portent des flambeaux. Velléda sort du temple, les yeux hagards, comme sous le pouvoir d'une obsession.

Katmor :

—Prêtresse de Bélen, la Gaule est ici et te regarde. Elle attend de toi un acte de justice qui venge le Dieu outragé. Celui que tu vas frapper est l'éternel ennemi de la Gaule, le serpent réchauffé dans notre sein, le traître, le renégat. En le frappant, tu frapperas tous nos ennemis. Tu purifieras la race entière. Ne regarde pas son visage, regarde sa poitrine, où bat son cœur perfide.

Velléda marche vers la pierre du sacrifice, l'œil fixe et farouche. Elle prend le couteau des mains de l'Eubage et se penche sur la victime, puis se redresse subitement :

—Frapper un inconnu, sans avoir vu son visage... je ne puis...

(Elle arrache le voile de la face du condamné, se penche sur lui et plonge son regard dans le sien. Tout à coup elle tressaille, recule d'effroi, jette le couteau loin d'elle, se précipite devant Katmor et murmure d'une voix mystérieuse.) C'est Lui !... lui-même... le héros de mon rêve !... le nageur invaincu, qui venait à moi porté par l'Océan immense. J'entends encore son cri m'appeler par mon nom « Velléda ! Velléda !... C'est Lui... c'est Lui ! »

Litavic :

—Elle est en extase...

Velléda, comme en rêve :

—Oh ! cet œil farouche et si doux ! Oh ! ce regard qui brave la mort...

Quel azur fulgurait dans sa nuit d'angoisse? Il m'a percée comme un glaive et m'enlève dans son ciel!... Quelle aurore ai-je vue dans cet abîme de souffrance? Quel monde de ressouvenirs s'éveille dans mon âme! O siècles révolus... O jours de l'Atlantide... O destins de la Gaule déroulés devant moi!

(Plusieurs chefs se sont rassemblés autour de la Druidesse et l'observent attentivement.)

Litavic s'adresse à Velléda:

—Dis-nous ce que tu vois dans ton délire.

Velléda, revenant brusquement au sentiment de la réalité, s'adresse aux Eubages:

—Coupez ses liens! Qu'il soit libre!.. Et que tous voient son visage.

(Les Eubages coupent les cordes du prisonnier. Il se redresse sans se lever et regarde Velléda d'un geste émerveillé.)

Le Prisonnier:

—Salut, Vierge sacrée, auréolée des flammes de Bélen, Voyante de la Gaule, toi que j'ai cherchée partout... enfin je te vois, et mon désir s'est accompli.

Velléda:

—Qui t'a donné l'audace de violer l'enceinte consacrée, malgré la défense et la menace de mort?

Le Prisonnier:

—Je voulais saisir le secret de ma vie, déchirer le voile de ma destinée, connaître l'avenir... Toi seule pouvais me le dire. L'Archidruide m'a refusé l'entrée du Temple. J'ai bravé sa colère et la tienne. Oui, malgré lui, malgré les Dieux, mon épée m'a frayé un chemin à travers les broussailles jusqu'au Temple, où tu veillais près du feu... Mais pourquoi ne m'as-tu pas frappé, ô Druidesse? J'attendais de toi la plus douce des morts. Ta main, faisant jaillir le sang de mon cœur, eût renvoyé d'un jet mon âme libre dans les espaces, à travers les nuées où chevauchent les Ancêtres, au cercle de Gwynfyd —loin de ce monde d'esclaves... Tes yeux d'azur plongeaient dans les miens... Déjà le voile se déchirait... je voyais la lumière, par delà l'empire des morts. Pourquoi ta main a-t-elle faibli?

Velléda baisse les yeux et reste un instant pensive :

— Le Dieu inconnu, qui flamboie à travers les yeux, a paralysé mon bras, et fait tomber le couteau de ma main...

Elle se tourne vers lui avec une curiosité inquiète :

— Ta parole révèle ton courage et ta stature la fierté de ton sang. Dis-nous ton nom, afin que tous te connaissent, comme je t'ai reconnu sans savoir d'où tu viens.

Le Prisonnier :

— Je suis l'Obscur, je suis l'Errant, je suis l'Exilé, qui toujours reparaît et qui ressort de son tombeau quand on le tue... Si personne ici ne me reconnaît, je ne dirai pas mon nom.

Épodorix, à part :

— Mon frère maudit... je le croyais mort... et le voilà ressuscité.

(Il se poste bien à l'écart et guette la scène qui suit d'un œil hostile.)

Litavic, s'approchant du prisonnier :

— Aux monts des Allobroges, j'ai vu un barde errant, au sayon bleu, à la harpe d'argent. Il disait : Fourbissez vos armes ! Allez à Bibracte ! Délivrez vos frères ! — Ce barde te ressemblait.

Le Prisonnier :

— C'était moi.

Litavic :

— Qui donc es-tu ?

Volusénus :

— Aux fêtes de Narbonne, où les Gaulois viennent voir les joueuses de flûte danser sous les arcades du théâtre romain, j'ai vu se glisser un fugitif en haillons, l'œil en fièvre et les joues creuses. Il cachait une épée et des flèches sous son sayon. Il murmurait en langue celtique, dans l'idiome natal : «Gaulois, jetez vos couronnes de roses. Armez vos clans et courez au secours de Bibracte !» Était-ce toi ?

Le Prisonnier :

— C'était moi.

Volusénus :

— Qui donc es-tu ?

Cativolte :

— Au sanctuaire des Carnutes, près du lac sacré, dans la nuit sainte du solstice d'hiver, quand le soleil remonte dans le ciel apportant un essaim d'âmes nouvelles aux mères enceintes — nous avons vu paraître, sur un dolmen, un guerrier armé d'un bouclier et agitant une torche comme un Eubage. Il jeta sa torche dans la foule et dit : « Gaulois, allez au sanctuaire de Bélen, chez la prophétesse Velléda, au Conseil armé. Quand tous les Celtes s'uniront, la Gaule retrouvera son Brenn et secouera le joug de l'esclavage ! » La torche est restée, mais le guerrier a disparu. Était-ce toi ?

Le Prisonnier

— C'était moi.

Litavic, Cativolte, Volusénus, Corrée et Virdomar réitérèrent leur question :

— Qui es-tu ? Réponds !

Le Prisonnier :

— J'ai vu le jour aux monts de l'Arvernie. Je suis du sang de Vercingétorix, le vainqueur de Gergovie, le glorieux vaincu d'Alésia, par qui la Gaule, un jour, fut libre et qui pour elle tomba au Capitole. Mon nom est celui d'un aïeul. Je m'appelle Celtil.

Cativolte :

— Les âmes des vivants et des morts frémissent à ce nom.

Les chefs, tous ensemble s'écrient :

— Celtil ? Celtil !

Celtil :

— Vos défaites et vos victoires sont les miennes ; vos haines et vos amours, je les partage ; vos douleurs et vos joies, je les ai bues jusqu'à la lie ; le sang de vos combats, je l'ai versé avec vous ; le souffle de vos Dieux traverse ma poitrine. — Sachez-le donc, le sol de l'Arvernie renferme encore des trésors, ses cavernes des armes, ses forêts des bataillons. Je vous les apporterais, ils seraient tous à vous, si un frère perfide, un lâche suppôt des Romains ne m'avait fait exiler de mon pays pour me dépouiller de mon patrimoine. — Mais faites-moi rendre justice par les miens. Rendez-moi ma ville natale, ma montagne et mon clan... et je soulève l'Arvernie et j'irai combattre avec elle, sous le Brenn que vous élirez — aussi vrai que j'ai combattu à Bibracte.

Épodorix :

— N'écoutez pas cet imposteur. Il vous trompe, il ment ! Je l'affirme et le prouverai, moi, son frère Épodorix, l'envoyé du Sénat de Gergovie. – Oui, je l'ai fait bannir, parce qu'il perdait sa nation, comme aujourd'hui il voudrait perdre la Gaule entière.

— O Celtes insensés, enfants inconstants du tumulte et du rêve, vous la proie des mirages, des mots sonores et du vent qui passe. Vous vous croyez encore au temps des Cimbres et des Teutons, quand les arcs de triomphe des Romains couvrent le sol de la Gaule. Vivez en paix avec vos vainqueurs, et bientôt vous serez les premiers à Rome. Laissez-moi plaider votre cause auprès du proconsul Métellus Torquatus, et je sauverai vos villes, votre or, vos libertés. (Désignant Celtil.) Quant à celui-ci, qu'a-t-il fait ? Déguisé en barde, en Eubage, en soldat gaulois, il a paru dans vos fêtes nocturnes pour fomenter la révolte. Mais où sont ses victoires, ses trophées ? Où était-il pendant vos derniers combats ? Chez les druidesses d'Armorique ou chez les courtisanes de Massalie ?

— Quel est son témoin ?

Kynval :

— Moi, son compagnon, son frère d'armes, son ami à la vie, à la mort. (Il se retourne vers Épodorix.) Ah, faux Gaulois, perfide Arverne, tu as dépouillé ton frère de tous ses biens, tu l'as chassé de sa patrie. Sache qu'il a trouvé en moi un frère plus fidèle que tous les frères du sang et une patrie meilleure que la tienne.

J'ai reçu le fugitif à mon foyer. Sa parole et son exemple enflammèrent l'Armorique. Nous avons vécu cœur à cœur et bouclier à bouclier. Au conseil, au combat, il fut mon guide et mon génie armé. A la dernière bataille, devant Bibracte, mon cheval fut tué sous moi.

Blessé, demi-mort, je tombai dans une fondrière. Celtil franchit les lignes ennemies pour me reprendre, me lia sur son cheval et m'emporta. Quel galop, au cri des centurions, à travers une grêle de traits ! Mon sang coulait. Notre bon cheval traversa un fleuve à la nage et je perdis connaissance. Quand je m'éveillai, Celtil pansait mes blessures près d'une source. Les trompettes romaines sonnaient au loin ; les trompes armoricaines leur répondaient en mugissant. En rouvrant les yeux, je dis : «La Gaule est-elle vaincue ?» Il répondit : «Non, puisque Kynval vit encore !» J'ajoutai : «Non, puisque Celtil est vivant !» Alors il s'écria en levant son épée au ciel : «Et la Gaule vivra autant que l'amitié de Kynval et de Celtil.»

Voilà mon témoignage pour mon frère d'armes. Et maintenant, qu'on l'absolve ou qu'on le condamne, qu'on le tue par le glaive ou par le feu — je le suivrai !... La tombe ou le bûcher, que m'importe ? Nous avons mêlé notre sang sur le champ de bataille, qui peut empêcher nos âmes de se mêler dans l'autre monde et de combattre encore à deux ?

Celtil embrasse Kynval, puis le prend par la main et le présente aux chefs :

— Celtil est pauvre, Celtil est sans foyer... et pourtant il est riche puisqu'il possède un véritable frère d'armes. Un homme libre — voilà le trophée que Celtil apporte à la Gaule !

Cativolte :

— Un tel témoin en vaut cent autres.

Litavic :

— Où s'unissent deux cœurs pareils, il en sort des armées.

Corrée :

— A lui les Celtes du Nord !

Volusénus :

— A lui les Celtes du Midi !

Litavic :

— A lui les insignes du Brenn !

Velléda :

— A lui les rayons du soleil renaissant de la Gaule !

(Tous les chefs sauf Épodorix élèvent leurs enseignes vers Celtil. Un rayon de soleil tombe sur lui.)

Épodorix :

—Arrêtez ! Puisqu'à ce point sévit votre délire, devant tous j'accuse Celtil, le banni de Gergovie, le fomenteur de désastres, d'avoir envoûté par un sortilège la druidesse de ce temple, Velléda, pour atteindre ses fins scélérates et entraîner la Gaule dans son gouffre...

A toi, Katmor, de préserver ta noble fille du charme néfaste. A vous, les chefs du Conseil armé, de juger le coupable.

Velléda :

—Bélen, revêts-moi de ta flamme comme d'une armure pour foudroyer le menteur !

Celtil :

—Je jure par tous nos Dieux, par Ésus, le Juste, le Maître du ciel immuable, par Tarann, le Dieu des combats, et par Bélen, le soleil éclatant de l'éternelle Vérité, je jure que mes yeux ont aperçu la Druidesse pour la première fois aujourd'hui, devant vous, sur la pierre du sacrifice. Mon amour de la Gaule, voilà le sortilège qui m'a frayé le chemin jusqu'à son cœur. Que mon âme s'engloutisse à jamais dans le gouffre d'Abred, si Velléda n'est pas aussi pure que la flamme de cet autel et que la lame vierge qui sort du feu !

Épodorix s'est glissé derrière la Druidesse jusqu'à la porte du temple. De son épée, il désigne le bouclier de bronze qui brille au-dessus de la porte.

—Alors, pourquoi la chevelure de Velléda a-t-elle disparu du bouclier de Bélen ? Le temple est bien gardé, mais la chevelure n'y est plus. C'était le don de la prophétesse à son Dieu, le gage de sa virginité... Par elle, Bélen devait la posséder sans partage. Car qui possède la chevelure, possède le corps tout entier. A qui l'a-t-elle donnée, sinon à son séducteur Celtil ?

Velléda :

—Infâme, c'est toi qui l'as volée.

Épodorix :

—Prouve-le.

Litavic, ébranlé :

—La chevelure de la prophétesse.

Volusénus, inquiet:

—Qui la possède?

Corrée:

—Celtil?

Virdomar:

—Épodorix?

Cativolte:

—Son Dieu ou son amour?

Katmor:

—Assez... Je veux savoir la vérité... Qui, des deux a dit vrai? Qui des deux est ici la voix de la Gaule et des Dieux? Ésus, je t'invoque. Réponds à mon appel!

> (Il frappe du pommeau d'une épée sur le bouclier de bronze qui résonne comme une cymbale. Un sourd roulement de tonnerre y répond et son écho se prolonge dans la forêt. La scène s'obscurcit subitement comme s'il faisait nuit, et, sous une vive lueur, l'esprit de Hû Gadarn apparaît dans le creux du chêne. C'est un puissant vieillard à longue barbe blanche, coiffé d'une tête de sanglier. Sa taille majestueuse est vêtue d'une peau de bison. Il tient dans sa main droite une longue lance et porte une corne d'auroch à sa ceinture.)

Les Chefs reculent.
—Hû Gadarn! Le Grand Ancêtre!

Hû Gadarn:

—Écoutez, écoutez dans la nuit de détresse
Le Dieu puissant qui parle à travers la Druidesse.
Le gui va refleurir au chêne de Bélen
Et la Gaule sacrée aura trouvé son Brenn!

> (Il étend sa lance dans la direction de Celtil, qu'un éclair illumine. Au même instant, Hû Gadarn disparaît. Dans l'obscurité profonde, Velléda seule apparaît en pleine lumière derrière l'autel.)

Velléda, en extase:

—Ah! vous le savez tous, guerriers et vous druides,

Comme le gui sacré croît aux chênes solides,
L'âme du vrai héros se suspend à son Dieu,
Et, sous l'hiver glacé, boit la sève éternelle,
Jeune rameau vivant de l'âme universelle...
Mais... pour éclore au jour, dans sa fleur immortelle,
Il lui faut le baiser de lumière et de feu,
Qui tombe du grand Ciel... Fleur qui brave la neige,
Vie au sein de la mort, enfin, vous reverrai-je ?...

(Elle court vers la gauche et disparaît derrière le chêne... Dans la minute de silence qui suit, le jour revient graduellement. L'assemblée attend le retour de Velléda dans une immobilité anxieuse et frémissante. Tout à coup on entend comme un cri aigu des harpes suspendues dans le chêne, suivi d'un bruit de cymbales. Velléda se précipite sur le devant de la scène en brandissant une branche de gui couverte de baies dorées. Elle serre la branche sur son cœur et puis lapresse sur ses lèvres.)

—Bonheur cent fois rêvé !...
La branche a refleuri... le héros est trouvé.
Mon âme sur ces fleurs enfin s'est assouvie !

(Elle monte les marches de l'autel et se place en face de Celtil.)

—Je te le donne ! C'est le rameau d'or, de vie,
Le rameau de jeunesse et d'immortalité,
Je te rends ton vrai nom, caché par ta fierté.
Il sort tout frémissant de mon cœur prophétique
Celtil ressuscité, le Brenn de la Celtique !

Les Chefs, d'une acclamation unanime :

—Salut au Brenn !

(En un clin d'œil, Cativolte a donné son bouclier à Celtil, Kynval son épée et Litavic son casque, auquel le Brenn attache la branche de gui. Il monte sur la pierre du sacrifice.)

Cativolte :

—Jurons d'obéir au Brenn !

(Tous inclinent leurs étendards devant Celtil.)

Celtil étend son épée sur les étendards :

— Mon épée à la Gaule. A vous ma tête en gage. Et maintenant, au combat ! A Bibracte !

(Tous sortent, sauf Katmor et Velléda.)

Épodorix, à l'écart :

— Leur folle magie ne peut rien contre l'épée romaine. Torquatus saura tout.

(Il s'en va précipitamment.)

V

KATMOR, VELLÉDA ET LA LOUVE ROMAINE

Katmor:

— Tu l'emportes, fille insensée. Les vieilles lois sont à terre comme des branches abattues. Ce n'est plus le grave Ésus, c'est le fougueux Bélen qui règne sur la Gaule. Ce n'est plus le sage Druide qui commande, c'est une Druidesse amoureuse!

Velléda:

— L'Ancêtre Hû Gadarn a paru sous le chêne. Tous l'ont vu, tous l'ont entendu. Mon oracle n'était que la voix de mon Dieu.

Katmor:

— Oui, ta magie est plus forte que la mienne! Le gui sacré, que l'Archidruide seul avait le droit de recevoir sur une toile de lin, au clair de lune, tu l'arraches au chêne, en plein jour, pour le donner à ton Brenn. Avec lui, tu viens de déchaîner la guerre. Puisse la Gaule ne pas s'en repentir... Mais quoi qu'il arrive jamais tu ne reverras le guerrier d'Arvernie. Nous partirons demain pour l'île d'Inisthona.

Velléda:

— Que m'importe? Qui désormais pourrait me séparer de Lui? Ne sommes-nous pas unis par les Dieux? Du sein des mers bleues de la verte Erin, je régnerai sur Lui. Toujours Celtil entendra la voix de la Druidesse; toujours Velléda entendra le cri de Celtil!
— Celtil! Celtil! Celtil!

Velléda:

— Ses guerriers l'élèvent sur le bouclier. C'est la Gaule qui salue son Héros.

L'Atrium d'une somptueuse villa romaine sur les bords du Rhône: Colonnes de jaspe et de porphyre, à chapiteaux corinthiens dorés. Peintures pompéiennes sur les murs ; danseuses et scènes bachiques. Sièges et tables de marbre soutenus par des faunes sculptés et des sirènes. Sur l'une d'elles, un casque de général romain avec un cimier de pourpre.

A gauche, une porte donne dans l'appartement du proconsul.

A droite, trois marches conduisent à une salle cachée par une grande tenture. Plus en avant, une porte s'ouvre sur la chambre de Hédonia Tarquinia.

Au fond, l'Atrium s'ouvre sur une large terrasse, où se dresse, d'un côté, la statue de César, de l'autre, celle du Dieu Mars. En perspective, la vallée du Rhône, où l'on aperçoit un camp romain fortifié avec une tour d'observation et un arc de triomphe.

Le proconsul Métellus Torquatus est assis près de la table et médite, le front dans sa main. On entend, derrière la scène, un coup de trompe suivi d'une longue rumeur. Épodorix entre brusquement.

Épodorix :

—Tu l'entends ? c'est la trompe gauloise. Celtil, avec cent cavaliers, a paru près du camp.

Torquatus se lève.

—La fanfare romaine a répondu. C'est le signal convenu. Le Brenn peut passer librement avec son escorte pour l'entrevue.

Épodorix :

—Il vient en vainqueur, et tu oses le recevoir aux yeux de l'armée ! Dans le camp retranché, les légionnaires brandissent glaives et javelots et supplient les centurions de se jeter avec eux sur le Brenn, pour le mettre en pièces, lui et ses cavaliers insolents, tandis que nos auxiliaires, répandus dans les campagnes, accourent acclamer le nouveau chef de la Gaule. Pour un mot, pour un signe de lui, ils passeraient à l'ennemi !

Torquatus :

—Que disent-ils ?

Épodorix :

—Ils se racontent nos défaites et le miracle stupéfiant de cette guerre, dont la nouvelle, pareille à une trombe du Nord, a courbé les oliviers du Rhône, pour tomber comme une avalanche de l'autre côté des Alpes.

Ils vantent les nations gauloises rassemblées en un faisceau puissant sous un seul chef, à la voix d'une druidesse inspirée; trois légions romaines écrasées sur le Rhin par le Bellovaque Corrée; puis Cativolte, Litavic, Virdomar et Kynval se joignant sur la Loire sous la conduite de Celtil; le proconsul Torquatus repoussé avec quatre légions sous l'assaut des alliés; Bibracte délivrée!... Au fracas de cette victoire inespérée, un cri de triomphe parcourt la Gaule et retentit des Alpes à l'Océan. La capitale de la Gaule chevelue, Lugdunum, la ville d'Auguste, fait défection. Les soldats romains, qui réclament vainement leur solde, arrachent de son tribunal le préfet du camp, le mettent aux fers et proclament le Brenn empereur de la Gaule libre... Et voici que l'armée de Celtil, grossie de celle de Volusénus, menace la Provence! —Voilà ce qui excite les Gaulois ralliés mais insoumis. Devant les palissades de ton camp, ils narguent tes légionnaires frémissants en leur jetant à la face les noms de Celtil et de Velléda. Permets donc à tes soldats de châtier ces mutins. (D'une voix sourde.) Et puis, si le Brenn vient ici, il est perdu. On peut l'étrangler comme un sanglier pris dans un piège... Lui mort, il n'est plus de Gaule... Je m'en charge, si tu veux...

Torquatus:

—Assez! Cela serait digne de toi peut-être, mais non pas du proconsul des Gaules... Le Brenn m'a proposé de me rendre les prisonniers romains en échange des otages que nous gardons à Narbonne. Il vient pour traiter de cette affaire. Après, la lutte reprendra, plus implacable. Plein de fougue à l'attaque, le Gaulois a toujours reculé devant la force romaine ramassée en une citadelle d'airain par une volonté de fer. Notre camp est imprenable et je suis sûr de mes légions. Ils viendront s'y briser. D'ici, comme d'un arsenal hérissé de vingt mille combattants, nous rebondirons sur Lugdunum pour disperser cette poussière de peuples et réduire à merci la Gaule garrottée.

Épodorix:

—Surtout n'accorde rien sans armistice pour permettre aux trois légions de passer les Alpes. Gergovie tient encore, mais au premier choc, les Arvernes acclameront le Brenn.

Torquatus:

—Sois tranquille, j'obtiendrai de lui ce que je voudrai. Celtil n'est qu'un

Gaulois révolté et je suis un proconsul romain. A ton poste! et veille sur les auxiliaires turbulents.

(Épodorix sort. Nouvelle fanfare suivie de cris désordonnés des gardes et de la voix des centurions clamant: «Silence!»)

Hédonia, sortant de son appartement.

—Que signifient ces fanfares et ces cris?

Torquatus:

—C'est le Brenn qui vient pour l'échange des prisonniers.

Hédonia:

—Et tu crois obtenir de lui l'armistice?

Torquatus:

—J'en suis sûr...

Hédonia:

—Tu ne l'obtiendras pas.

Torquatus:

—Qu'en sais-tu?

Hédonia:

—Je sais ta défaite publique et ta peur secrète. Honte au proconsul qui s'est laissé battre par un Gaulois et maintenant veut traiter avec lui! Ce Celtil, que déjà des Romains proclament empereur des Gaules, est plus fort que toi.

Torquatus:

—Honte à toi, furie d'orgueil, fausse épouse, traîtresse à la cité de Rome! Aujourd'hui seulement je te connais tout entière et je mesure l'abîme où tu me pousses... Hier, j'ai su que pendant ton séjour à Narbonne, la première légion campée devant la ville s'est mutinée. Ces fous, séduits par un mystérieux émissaire, ont osé arborer l'étendard du Brenn, le nouveau signe de la Celtique révoltée: les deux mains d'or croisées, qui brandissent deux glaives. Pendant tout un jour, des soldats en délire ont promené cet emblème sacrilège dans un camp romain... J'en suis sûr maintenant, ce fait inouï, est ton œuvre! Toi seul en es capable!

Hédonia, avec dédain :

—Quelle piteuse calomnie !... On t'a trompé odieusement. C'est moi au contraire qui ai calmé la révolte, en arrachant aux soldats l'enseigne coupable. C'est moi qui leur ai rappelé le nom du général absent et le serment prêté à l'empereur Vespasien par la légion. Je ne sais pas s'ils eussent obéi à Métellus Torquatus, mais ils sont tombés à genoux devant Hédonia Tarquinia qui est de la race des Agrippine et du sang des Césars ! (Torquatus croise les bras et reste immobile.) Que n'ai-je fait pour toi ? Tu n'étais qu'un pauvre chevalier. Grâce à la patricienne qui t'a tiré du néant, tu es devenu en peu d'années préteur sous Galba, préfet du camp sous Vitellius et proconsul sous Vespasien.

Torquatus :

—Je sais... Tu peux même ajouter que, pour m'épouser, tu as empoisonné ton premier mari, le vieux sénateur, avec une fiole d'or cachée dans une boucle de ta chevelure... Je fus ton complice... Je ne l'ai pas oublié. (Il se tourne vers elle et la regarde fixement.) Mais qui me dit que tu ne m'empoisonnerais pas, moi, avec cette même fiole minuscule, dont la liqueur exhale un parfum si capiteux —pour un autre— qui te semblerait plus grand que moi ?

Hédonia répond au regard scrutateur de Torquatus par un sourire ambigu et le fixe à son tour avec insistance.

—Ingrat !... moi qui voulais faire de toi un empereur... Je t'ai offert le diadème... les légions étaient prêtes, le Sénat préparé... Tu n'as pas voulu. (Caressante.) Mais Vespasien est en Orient, il serait temps encore.

Torquatus, avec énergie.

—Jamais ! Je suis fidèle à mes serments.

Hédonia ramène son bras sur sa poitrine d'un geste de colère et recule d'un pas. A voix basse :

—Le lâche... Il me cache quelque chose. Je saurai tout.

(Changeant subitement de ton, elle se rapproche d'un air enjôleur et pose sa main sur l'épaule du proconsul.) Mon Torquatus, pourquoi te défier de moi ? Un astrologue ne nous a-t-il pas prédit que je mourrais avant toi ? Pourquoi as-tu cessé de croire à notre étoile ? Pourquoi as-tu perdu le courage de ta jeunesse et l'audace que je t'avais insufflée, toi le conquérant de l'île de Bretagne ?

Torquatus :

—Ah, perfide Albion ! sombre île de Bretagne ! écueil dressé entre ma gloire et moi, sur l'Océan sans bornes ! C'est là qu'une flèche invisible m'a blessé, c'est là que j'ai perdu ma force invaincue et la foi en moi-même !... Personne ne le sait, mais je le sais... moi.

Hédonia :

—Tu m'as caché cela ; dis-moi tout.

Torquatus :

—Dans cette campagne redoutable, je ne parvenais pas à vaincre les révoltes toujours renaissantes des Bretons cachés dans les tanières de leurs montagnes. On me dit qu'une prêtresse de la Lune, du nom de Strinadona, les poussait à la guerre. C'était une femme mûre, belle encore et d'un caractère farouche. Elle vivait au fond d'une caverne dans les bois et portait à son bras un torque en or forgé, ayant la forme d'un serpent. Avec ce talisman, elle charmait les guerriers, leur instillant le mépris de la mort en leur faisant baiser le serpent de métal enroulé à son bras. —Je parvins à découvrir sa retraite et réclamai d'elle son torque avec la formule magique qui lui servait d'enchantement. A ce prix, je lui promis de faire d'elle la reine de Bretagne, sous la protection de Rome. Elle refusa fièrement. Je la fis saisir par les légionnaires qui lui arrachèrent son torque pendant qu'elle remplissait la forêt de cris sauvages. Alors elle me maudit et me voua aux Dieux infernaux :

« Tu m'as ravi mon talisman, me dit-elle, et tu auras la puissance, mais ta vie ne sera qu'un long tourment, car tu es au pouvoir d'une magicienne terrible qui te trahira. Je laisse au monde ma fille Velléda, la Voyante des Celtes, la prophétesse aux cheveux d'or. Elle connaît le secret d'évoquer les Dieux. Vainement tu la poursuivras, car celle-là tu ne pourras pas l'atteindre. Elle sera ma vengeresse !... »

Cela dit, Strinadona se tua avec l'épée d'un centurion. —Les Bretons, en voyant à mon bras le torque de la prêtresse de Korridwen, me crurent invincible et demandèrent la paix. —Mais, depuis ce jour, j'ai perdu la mienne. Je m'appelle Torquatus, je suis le conquérant de la Bretagne... mais toujours j'ai sous les yeux la prêtresse agonisante. Il me semble que son sang éclabousse mon visage. Et voici que sa fille, la Druidesse, soulève

contre moi la Gaule entière et lance son Celtil jusqu'aux portes des Alpes...
C'est elle, c'est Velléda qu'il faudrait saisir pour terrasser les Gaulois.

Hédonia :

—Homme superstitieux, qui crois aux Dieux et aux sorcières au lieu de
croire à toi-même! La Druidesse, cette Velléda, est déjà en mon pouvoir
Je te le prouverai tout à l'heure. Quant à Celtil, à ce Brenn indomptable, s
tu ne parviens pas à lui arracher l'armistice... laisse-moi seule avec lui pou
un quart d'heure... et je le rendrai plus faible qu'un roseau... (Elle pose se
deux mains sur les épaules de Torquatus. Ils se regardent immobile.) Me
crois-tu maintenant? As-tu retrouvé ta Hédonia?

(Torquatus la regarde, fasciné mais défiant. Un silence.)

Un légionnaire :

—Le Brenn!

(Torquatus et Hédonia tressaillent.)

Hédonia, qui se ressaisit aussitôt, s'assure par un dernier regard
qu'elle a reconquis son empire sur Torquatus, et reprend avec un
sourire tranquille :

—Je me retire... mais si tu as besoin de moi, ouvre ce rideau.

(Elle sort.)

Torquatus et Celtil tiennent la nouvelle enseigne gauloise: deux
mains d'or, croisées sur une tête de femme et brandissant deux
épées. Torquatus et Celtil se regardent et se mesurent comme deux
adversaires qui se voient pour la première fois.

Torquatus :

—J'ai consenti à te recevoir...

Celtil :

—C'est moi qui consens à venir. J'avais proposé un autre lieu pour l'entrevue, dans l'île du Rhône, chez nous.

Torquatus :

—Chez vous? La Gaule est conquise depuis cent ans. Vous n'êtes que
des rebelles.

Celtil:

—Rebelles d'un jour et de toujours.

Torquatus:

—Attendons la fin. Mais au fait, que veux-tu?

Celtil:

—Dans les derniers combats, nous avons capturé un général romain, ingt centurions et mille légionnaires. Ils sont prisonniers au camp de ³ibracte, gardés par les Bituriges. Nous vous les rendrons, si vous nous ¹endez nos otages.

Torquatus:

—J'y consens, mais à une condition, c'est qu'au nom des alliés toi, le ³renn, tu viennes conclure avec nous un armistice d'un mois.

Celtil:

—Un armistice?

Torquatus:

—Oui, vous en avez besoin pour brûler vos morts qui sont nombreux, t nous pour célébrer la fête de César. Rendons honneur à nos Dieux; ¹ous combattrons après.

Celtil:

—Un armistice? Je n'y puis consentir, avant que Gergovie ne soit déli-·rée, avant que la Gaule ne soit libre des Alpes à l'Océan et du Rhin aux ²yrénées. Après notre victoire, nul ne peut arrêter l'élan de la Celtique.

Torquatus:

—Venez donc attaquer notre camp où vous attend Jupiter vengeur et ¹ lance romaine.

Épodorix, accourant, à Torquatus:

—Les légionnaires veulent à toute force se jeter sur les cavaliers gaulois. ᴇs centurions ne peuvent plus les contenir. Ils réclament ta présence.

Celtil:

—Veulent-ils le combat? Nous serons cent contre mille. Qu'importe? ᴧous sommes prêts. Adieu.

Torquatus :

—Arrête ! Demain nos épées s'aiguiseront sur vos casques. Aujourd'hui jour de trêve, aucun de mes soldats ne touchera à la bride de tes chevaux Et, puisque te voilà dans ma demeure, je veux te laisser contempler la majesté de Rome dans une illustre Romaine.

(A son signe, un esclave tire brusquement le rideau. Au haut d'une estrade, apparaît Hédonia Tarquinia à demi couchée sur un lit somptueux. Une esclave nubienne touche les cordes d'un théorbe à ses pieds, une autre évente sa tête avec un flabellum égyptien.)

Torquatus :

—La femme du proconsul veut parler au Brenn. Au revoir, Celtil.

(Il sort avec Épodorix.)

Hédonia, sans quitter sa posture nonchalante, à demi couchée, à demi assise sur son lit de parade.

—O Celtil, fougueux Arverne, Brenn intrépide de la Gaule en révolte j'ai voulu te voir — et te saluer — malgré ta haine insensée contre nous Car nous sommes curieuses, nous autres femmes, et si tes exploits ont effrayé quelques lâches, ils ont arraché, malgré elles, des cris d'admiration à des femmes romaines. Je te regarde, Celtil, et vraiment je te trouve digne de ta renommée. Tu es beau, tu es libre, tu es indompté comme le cerf qui hume l'air du matin dans les bois. Tes premières victoires t'enivrent, mais pourquoi veux-tu lutter, malgré le destin, contre la grandeur de Rome qui va t'écraser ? tes ancêtres ont conquis bien des terres et n'ont su en conserver aucune. Souviens-toi de ton aïeul Vercingétorix, le téméraire, auquel tu ressembles. Comme toi il souleva toute la Gaule et finit par jeter son épée aux pieds de César !... Ah, tu pourrais être plus grand, si tu devenais notre ami...

Celtil :

—L'ami de Rome ? Jamais. Elle a brûlé nos villes, pillé nos trésors, détruit nos temples, chassé nos druides, banni nos Dieux, coupé le poing à nos guerriers et mutilé la race des Celtes. Elle a fait de la Gaule le piédestal de sa gloire et l'arsenal pour asservir les autres peuples. Maintenant que Rome a garrotté la Gaule, elle lui demande encore son âme et son amour. C'en est trop ; la Gaule a déchiré ses liens et s'est écriée :

«Eusses-tu mon corps, tu n'auras pas mon âme... car celle-ci est immortelle ! Hier, tu croyais l'avoir tuée ; aujourd'hui elle ressuscite pour dire aux autres nations : il est encore un peuple libre qui ne se courbe pas devant César !»

Hédonia :

— Qu'espères-tu ?

Celtil :

— Regarde ce signe : deux mains croisées, qui brandissent leurs glaives fraternels par-dessus la tête de la Gaule chevelue, —voilà l'enseigne de notre armée. Unir toutes les tribus gauloises en une nation fière et libre, que tous les peuples en fassent autant, et Rome sera vaincue. Voilà notre espérance et notre foi, voilà le signe que nous planterons sur les sept collines.

Hédonia, ironique.

— Et quelle sera la récompense du Brenn à son triomphe ?

Celtil :

— La joie de combattre avec ses frères et de marcher toujours plus avant. Regarde le Rhône : au sortir des Alpes, il s'engloutit dans un gouffre, mais plus loin il reparaît, clair et bleu, bouillonnant de jeunesse. Cent affluents courent le rejoindre, des cités naissent sur ses pas. Il va vers la mer qu'il n'a pas vue mais qu'il pressent, il va en grandissant toujours. Je puis, comme le Rhône, me perdre et me retrouver.

Hédonia, renvoie d'un geste ses deux esclaves et descend de l'estrade.

— Guerrier superbe, vainqueur enfant, ignorant ta force et ton vrai destin, tu poursuis la chimère qui te mène à l'abîme, au lieu de saisir la proie splendide qui s'offre à toi... Être le Brenn de peuplades barbares qui t'abandonneront à la première défaite, qu'est-ce que cela ? Mais être César, sous la pourpre romaine... Voir les rois se courber et les peuples ramper à ses pieds, se sentir le maître du monde et voir trembler tous les hommes sous son regard. Voilà la gloire, le pouvoir et la joie... Tout le reste n'est rien. N'as-tu jamais fait ce rêve, Celtil, un soir de bataille, devant une cité fumante, aux acclamations de tes clans en délire ? Tu pourrais le tenter... si tu voulais !

Celtil, interdit.

—Moi?... Et tu oses me promettre la pourpre impériale, toi, la femme du proconsul?

Hédonia se redresse, hautaine.

—Et qui te dit que je l'ai promise, Celte impétueux? Je veux connaître la trempe de ton âme et savoir ce que vaut son acier, avant le combat à mort. (Elle se rapproche brusquement insinuante et tentatrice.) Et pourtant, je voudrais te sauver. Si je savais que ton courage est à la hauteur de ta force, j'oserais parler.

Celtil:

—Parle donc.

Hédonia:

—Sais-tu bien qu'au camp de Narbonne, il y a trois jours, des légionnaires ont arboré ton signe en te proclamant empereur des Gaules... que c'est moi qui les ai calmés? Ces légionnaires sont dans ma main; je puis en faire ce que je veux. Ne sais-tu pas que depuis Jules César, la Gaule est la forge où se martèlent les empereurs romains, et que ce sont les patriciennes subtiles qui pétrissent de leurs mains savantes, dans le secret des gynécées, ces empereurs qu'acclamera la foule au bruit des armes? C'est Livie qui fit couronner Tibère, c'est Agrippine qui a couvé Néron. Je suis du sang d'Agrippine et je pourrais élever sur le trône un Gaulois invaincu!

Celtil, surpris et troublé.

—O sombre magicienne, quels abîmes ta parole infernale entrouvre à mes yeux?

Hédonia:

—Pauvre Celte, qui n'as vu que des Gauloises en haillons dans leur hutte de paille, tu ne connais pas les fêtes romaines et l'ivresse de la volupté dans le pouvoir suprême... La nuit tombe sur la Ville Éternelle. Aux jardins de César, parmi les temples et les bosquets ombreux, mille flambeaux s'allument. Sur un lac mystérieux, où nagent de blanches sirènes, une trirème flotte. Le nouveau César y trône avec son épouse couronnée de myrtes. Sur les rives, des cris retentissent. Les chevaliers, le sénat acclament le maître de l'univers. Cent patriciennes, vêtues en prêtresses de

Vénus, lui tendent les bras et l'appellent. Chacune brûle d'être à lui... Mais il se retourne vers la fille des Césars qui l'a couronné, car seuls ses yeux flamboyants répondent à l'immensité de son désir... Tu souris, Celtil, je t'étonne... Prends donc ma main, lis dans mes yeux... et vois si ma puissance est égale au songe que j'ai fait...

Celtil plonge son regard dans les yeux de Hédonia, en retenant sa main dans la sienne, puis la quitte et dit froidement :

—Femme, tu n'as aucun pouvoir sur moi.

(Il croise les bras et regarde devant lui, comme s'il contemplait un rêve lointain.)

Hédonia :

—Le premier homme qui me résiste... Gaulois, qui te donne la force de me braver ?

Celtil :

—Le Dieu qui m'inspire.

Hédonia, haussant les épaules.

—Un Dieu, vraiment ? Tu crois aux Dieux, toi ? Barbare crédule, crois-moi, il n'est pas d'autre Dieu que César. Dans sa pourpre sanglante sont tissés sept siècles de victoires et la hache de ses licteurs prouve sa force à l'univers. En vain, vous luttez contre lui.

Celtil :

—Tu te trompes, belle Romaine. Nul n'a vu le Dieu suprême qui embrasse le monde et dont parlent nos Druides, mais les Dieux sont partout, dans le sein de la terre, sur l'Océan, dans les astres, dans les vents et les bois. Nous sommes leurs fils, nous autres Gaulois, et nous nous souvenons de notre origine. Nos ancêtres de l'Atlantide leur parlaient dans la grande île heureuse. Aujourd'hui, hélas, dans l'âge de fer et de sang, ils se sont voilés... Mais les Druidesses, les vierges sacrées les évoquent pour nous. Elles ne vivent pas, comme vous autres Romaines, en des palais somptueux, entourées d'esclaves, mais sur des îles sauvages, au milieu des vagues de la mer, ou sous l'ombre épaisse des forêts sonnantes. Là, elles entendent, elles voient les esprits, les âmes — et font parler les Dieux !

Hédonia :

—Tu en connais une ?

Celtil :

—La plus puissante et la plus merveilleuse de toutes. J'étais captif des Bellovaques. Je devais mourir devant les chefs, sous le couteau de la Druidesse. Je la défiais du regard, avide de recevoir de sa main le coup qui devait me renvoyer aux Dieux... quand soudain je vis des larmes dans ses yeux... le couteau tomba de sa main... La Druidesse entrait en extase ; l'ancêtre Hû Gadarn parut sous le chêne... et je fus proclamé Brenn de la Celtique, au rayon de Bélen, à la voix de Velléda !

Hédonia :

—La voilà donc ta déesse ! Et cette Velléda, qui t'a soufflé sa magie et t'a donné tes armes, qu'est-elle devenue ?

Celtil :

—La prophétesse attend nos trophées au temple de Bélen. Mais moi, je la sens, je la respire autour de moi ; jamais son âme ne me quitte. Au milieu des combats, à l'instant du péril, j'entends sa voix qui me retient ou qui m'excite... La nuit... sous ma tente... quand je dors harassé... je sens glisser son souffle sur mon visage comme un parfum de verveine. Quelquefois même, je vois sa tête lumineuse se pencher sur moi... Ses yeux... ses yeux d'extase et de splendeur, je les vois toujours devant moi, comme je vois l'azur du ciel. Toujours j'entends la voix de la Druidesse clamer dans mes silences : «Marche en avant, pour la gloire des Celtes !» (Se retournant vers la femme du proconsul, il la fait reculer pas à pas.) A mon casque brille la branche de gui, la fleur de l'immortalité, cueillie sur le chêne d'Ésus. Dussent tous les enchantements et tous les maléfices de Rome se cacher dans ton sein —avec ce talisman, je te braverais encore, toi et ta magie !

Hédonia, intimidée par le regard perçant de Celtil, se détourne et recule jusqu'à la porte de son appartement. Là elle se retourne subitement comme un serpent qui va mordre.

—Tu crois ? (Elle ouvre la porte et crie à son esclave.) Apporte-moi le coffret d'ébène. (A Celtil.) Apprends donc que ta Velléda est en mon pouvoir et que tu ne la reverras jamais !

(L'esclave remet le coffret à Hédonia et ressort.)

Celtil, dédaigneusement.

—En ton pouvoir, la prophétesse des Gaules ?

Hédonia :

—Regarde ce coffret funèbre, qui ressemble à un petit sarcophage... Il renferme une dépouille précieuse de ta déesse... Il te réserve une surprise charmante... En touchant ce vivant trésor, tu croiras toucher celle que tu aimes... Car c'est une partie délicieuse de son beau corps. Ouvre donc cette boîte !

Celtil, devenu inquiet...

—Que m'importe le sortilège caché dans ce coffret ?

Hédonia ouvre le couvercle de la boîte et en retire une chevelure fauve.

—Reconnais-tu cette chevelure ? Elle exhale encore un parfum de chair blonde et de verveine. Ne veux-tu pas la toucher ? (Elle laisse retomber la chevelure dans la cassette et la lui tend.) Aurais-tu peur de ce que tu aimes le plus ?

Celtil se penche sur le coffret, soulève un peu la chevelure, puis la laisse retomber.

—Les cheveux de Velléda !... Oh, ciel ! ils sont froids comme un cadavre... Qui te les a donnés ?... Ah, je comprends, c'est mon misérable frère qui a fait voler, par un infâme esclave, cette chevelure consacrée par la prêtresse à son Dieu, en gage de sa virginité !

Hédonia :

—Tu le vois, Celtil, moi aussi j'ai mon talisman ; et celui-là est plus redoutable que le tien. Si l'âme de ta prophétesse suit la tienne à travers l'espace, moi, par cette chevelure, j'ai pouvoir sur son corps. Je le tiens, je le hante, je l'envoûte... Ah ! tu ignores ce qui est advenu depuis ton départ ?... Sache donc que Velléda n'est plus au sanctuaire de Bélen... Son père, l'Archidruide, jaloux de son amour pour toi, a voulu l'emmener à l'île d'Inisthona. Ils sont partis...

Celtil :

—Tu mens !

Hédonia :

— Demande aux Bellovaques ; ils te diront la vérité. Des pirates Frisons ont attaqué la barque. Ils ont tué Katmor et enlevé sa fille.

Celtil :

— Tu mens !

Hédonia :

— Je sais tout par mes émissaires. Une flotte romaine croisait par là. Velléda, prise et vendue comme esclave, est traînée par la Germanie et finira sur un marché de Rome...

Celtil :

— Rome serait réduite en cendres, si notre prophétesse subissait pareil destin, mais je ne te crois pas.

Hédonia :

— Va donc au sanctuaire de Bélen, tu ne la trouveras pas, cours jusqu'aux bouches du Rhin et cherche sa trace... La prophétesse des Gaules est déchue... (Brandissant la chevelure de Velléda.) La magicienne de Rome commande au Destin avec sa dépouille !

Celtil, effrayé :

— Tant qu'un souffle vivra au cœur de Celtil, il saura trouver sa Velléda... fût-ce au bout du monde... et malheur à vous tous quand je reviendrai ! (Il sort en criant.) Mon cheval ! mon cheval !

Hédonia, restée seule, remet la chevelure dans le coffret, le pose sur la table et s'assied en s'accoudant dessus.

— Comme il l'aime ! De quel superbe élan il court à sa perte ! Ah, Celtil ! la hache du bourreau s'aiguise pour toi — à moins que ma magie ne te ramène à mes pieds — et que mes ongles n'inscrivent dans ta chair... le nom d'un César !

(Torquatus arrive au même moment dans l'appartement de Hédonia.)

Torquatus :

— Le Brenn est parti. Est-ce pour nous attaquer demain ?

Hédonia :

— Il n'y pense plus ; il court après sa Druidesse comme un fou.

Torquatus :

— Par quel sortilège as-tu fait ce miracle ?

Hédonia, ouvre la cassette et lui montre son contenu.

— La toison de la Druidesse, voilà le talisman qui a retourné son âme.

Torquatus, se penche sur le coffret et touche les cheveux :

— La chevelure de Velléda... c'est toi qui la possèdes ? Tu as su la ravir ?...

— Merveilleux trophée pour effrayer les Gaulois et saisir la Druidesse jusqu'en son repaire ! A moi la toison d'or où sommeille le secret des druides et des Dieux !

(Il veut s'emparer de la cassette d'un geste violent.)

Hédonia, la retient de force :

— Non pas ! Tu l'aimes donc, toi aussi, cette Velléda ?

Torquatus :

— Comme toi tu aimes Celtil, n'est-il pas vrai ?

Hédonia, le défiant du regard :

— Peut-être !... Mais sache-le bien, si cette chevelure renferme des vertus magiques, elle m'appartient ; c'est ma conquête. Elle double ma puissance ! et désormais (*d'une voix insinuante, avec une ironie voluptueuse*) le chemin de la Druidesse passe par Hédonia Tarquinia...

(Elle glisse la chevelure de Velléda sous sa robe, dans son sein, et sort.)

Torquatus, seul :

— Étrange chevelure, elle exhale une sueur d'extase... un fluide surhumain ! Ah, si je pouvais saisir la Druidesse sous le chêne... peut-être me dirait-elle le secret des Dieux... et pourrais-je me décharger de la malédiction de Strinadona qui pèse sur moi...

Affreux tourment !

Je ne sais pas si Hédonia médite mon triomphe ou ma mort... Qu'importe ? Elle m'attire par sa nouvelle magie... et je saurai la terrasser !

VI

LA PROPHÉTESSE DES CELTES

Une côte sauvage dans l'île d'Inisthona, entre deux falaises rocheuses. La falaise de droite s'avance dans la mer et se recourbe en cap. Une grotte profonde y apparaît, formée par deux rangées de colonnes basaltiques étroitement serrées les unes contre les autres. Le flot entre librement dans ce couloir tortueux, temple naturel qui se perd dans les ténèbres. Au fond de la grotte, on aperçoit une ouverture lumineuse dans laquelle brille une harpe d'or. C'est la grotte de l'Évocation des Dieux.

A droite, en face de la grotte inaccessible et séparée d'elle par la mer, qui entre dans la crique, une cabane ombragée d'un bouleau avec un banc en troncs d'arbres, où s'enlace un lierre fleuri d'églantines. C'est la demeure de la Druidesse.

A gauche, une épaisse forêt de hêtres recouvre la falaise, qui se termine en un récif surmonté d'une tour. Un sentier descend par la forêt sur la plage. Près de la mer, un petit autel s'abrite dans un rocher.

Au fond, l'Océan semé d'îlots et d'écueils. Ciel clair d'été où courent des nuages blancs.

Velléda est endormie sur son banc de lierre, devant la cabane, en face de la grotte. Par la forêt de hêtres, les trois prêtresses de Korridwen, déesse de la Lune, descendent à la file sur la plage, Glentivar en robe d'un vert pale, Brenno en rouge-feu, Colma en bleu. Elles s'avancent avec précaution, l'une derrière l'autre. Parvenues au milieu de la scène, elles s'arrêtent, les yeux curieusement fixés sur la dormeuse, en étendant vers elle les rameaux de bruyère, de coudrier et de troène qu'elles tiennent à la main.

Glentivar:

—Réveille-toi, Velléda!

Brenno:

—Le soleil est levé!

Colma:

— Les vagues dressent la pointe de leurs seins vers l'astre du jour !

(Velléda se redresse lentement et passe la main sur son front comme
si elle avait peine à revenir au sentiment de la réalité.)

Glentivar:

— Ton père va revenir de l'assemblée des druides. Ils demandent, dit-
on, un nouvel oracle de toi.

Velléda:

— Avez-vous veillé cette nuit de pleine lune, au temple de Korridwen ?

Les trois:

— Oui.

Velléda:

— Et ce matin, du sommet de la tour, n'avez-vous point vu la barque
aux voiles rouges, la barque portant les nouvelles de Gaule ? Elle doit venir aujourd'hui.

Glentivar:

— Pas une barque sur les flots.

Brenno:

— Pas de voile rouge.

Colma:

— La mer immense est vide. La vague seule chante sur la plage.

Velléda:

— Alors chantez-moi ce que vous a dit la harpe d'argent, dans la tour
des Veilleuses, sous les caresses de la Lune.

Glentivar:

— La harpe d'argent m'a dit: «L'astre de Celtil monte sur l'horizon.
Des milliers de vivants le suivent dans un nuage de pourpre. Des milliers
de morts combattent avec lui dans un nuage noir. La Louve romaine le
guette ! Que Velléda écoute la voix de Bélen.»

Brenno :

—La harpe d'argent m'a dit : «L'astre de Celtil atteint son apogée. Comme un halo brillant, le cercle des Ancêtres l'environne. Mais la Louve romaine a jeté sur lui un filet noir pour le saisir ! Que Velléda écoute la voix de Bélen. »

Colma :

—La harpe d'argent m'a dit : «L'astre de Celtil penche vers son déclin. Un nuage l'enveloppe d'un inextricable réseau. Pour le rompre, le Héros s'élance vers le nord à travers la tempête comme l'aigle retourne à son aire !... Je perds sa trace. Que Velléda écoute la voix de Bélen. »

Velléda :

—Obscurs et changeants sont les oracles de Korridwen comme la fumée des nuages sur la lune. L'aigle sait trouver son chemin quand il regarde le soleil. Je veille sur Celtil.

Brenno :

—Apprends-nous donc, Velléda, ce que t'a dit la harpe d'or qui chante dans la grotte des Dieux.

Velléda :

—La harpe d'or m'a dit :
Oh ! comprends le bonheur de s'aimer à distance,
Et de se posséder dans l'éternelle absence,
D'une éternelle étreinte et d'une immense foi !

Glentivar :

—Tu aimes Celtil —et tu ne souffres pas d'être loin de lui ?

Colma :

—Tu aimes Celtil —et tu ne l'attires pas à toi ?

Brenno :

—Tu aimes Celtil —et tu n'es pas dévorée de l'éternel désir ?

Velléda :

—Ma souffrance est une volupté aiguë et mon désir s'étanche en un rêve divin. Ne suis-je pas heureuse ici ? La voix des Dieux me parle du fond de cette grotte. Les Génies visitent mon sommeil et le fleuve des âmes afflue à mon cœur comme une marée houleuse. Moins tristes elles s'en retournent ballottées au gouffre ténébreux. Mais moi, je vis ici tranquille, enveloppée de lumière, avec mon héros... Je le possède et j'en suis possédée. Séparés, nous sommes unis. Il a beau s'éloigner, jamais je ne le quitte. Je le suis et le précède comme l'hirondelle de mer. Souvent j'entends la voix de son âme et la mienne lui répond. Au jour de sa délivrance, c'est moi qui conduirai mon Celtil vers l'auréole du Soleil, au cercle de Gwynfyd, dans la splendeur des Dieux!

Brenno:

—O Velléda, prophétesse des Celtes, possédée de Bélen, amante divine d'un héros, tu es grande parmi les femmes. Mais si ton Celtil apparaissait tout à coup devant toi, sur cette plage, que dirais-tu?

Velléda, effrayée.

—Tais-toi!... c'est impossible!... Les Dieux le défendent... et le vaste Océan roule entre nous...

Glentivar:

—Voici l'Archidruide.

Velléda:

—Allez à la tour et guettez la barque des Gaulois.

(Glentivar, Brenno et Colma remontent le sentier de la falaise et disparaissent dans la forêt de hêtres. Katmor, lui, descend la falaise par la forêt de hêtres et marche à pas pressés vers Velléda en élevant son sceptre enguirlandé de feuilles de chêne.)

Katmor:

—L'assemblée des druides a tenu conseil toute la nuit, près des pierres levées. Un grand tumulte la divise. Les uns veulent retourner en Gaule à l'appel de Celtil; les autres, effrayés par les menaces de César, veulent fuir jusqu'en Erin. Comme l'ombre avant-coureuse d'une catastrophe, la peur obscurcit la sagesse antique. A toi de percer ces ténèbres avec un rayon de Bélen! Prophétesse du Soleil, à toi de nous dire la Vérité!

Velléda, distraite et absorbée.

—Les nouvelles de Gaule ne sont-elles pas venues à travers la terre l'Albion?

Katmor:

—On ne sait rien. Depuis un mois, l'Océan fait rage; aucun navire n'a franchi le détroit. Mais tous les présages sont funestes. La foudre est tombée sur le grand hêtre qui porte, sur son écorce, en signes mystérieux, l'histoire de notre race. Les femmes ont vu dans le ciel des armées en fuite et des chars de feu. Des nuées de corbeaux tourbillonnent dans nos sanctuaires, et des vautours, venus des champs de bataille, font pleuvoir sur nos toits une pluie de sang. On dirait que nos Dieux honteux n'osent plus parler et se cachent sous terre. Seuls les bouleaux frémissants versent leur sève par leurs blessures et pleurent avec des yeux surhumains. Mais voici le plus sinistre, un eubage a vu passer dans la forêt l'ombre de Hû Gadarn. Il était triste et transparent comme un brouillard au clair de lune. Il murmurait: «Druides, fuyez en Irlande; les Romains vont venir. Vous ne me verrez plus; un Dieu nouveau approche.» Voilà ce qu'a dit le Grand Ancêtre en disparaissant. —Est-ce ton Dieu qui nous perd, lui qui devait nous sauver? Réponds, malheureuse?

Velléda:

—O vieux druides, fils des siècles brumeux, vous vivez dans la nuit cimmérienne. Vos Dieux ne sont-ils plus que des épouvantails et vos ancêtres que des ombres gémissantes? Moi, je regarde le Soleil, lorsqu'il se couche là-bas, comme un phénix, dans un lit de flammes cramoisies, sur les flots d'un bleu sombre. Sortant de l'astre rouge, je vois venir à moi, sur un sillage de feu, une nef parée de banderoles et chargée de guerriers reluisants. Ce sont les héros de la race future des Celtes que m'envoie mon Dieu. Un fil magique les attire vers mon cœur qui bondit d'allégresse... Et je m'endors dans un espoir divin.

Katmor:

—Pendant que l'angoisse nous ronge...

Velléda:

—Et le matin, le Soleil fulgurant ressort de la forêt de hêtres. Alors, ses regards plongent en flèches lumineuses jusqu'au fond de la grotte, qui s'emplit d'un murmure harmonieux d'âmes et de génies. Les flots se gonflent, les colonnes rougissent comme un temple léché par les torches... et la harpe d'or se met à vibrer au baiser de Bélen. Elle dit: «Bientôt le messager solaire t'apportera la parole de ton Dieu.»

Katmor:

—Mais quel présage as-tu de la guerre, de nos armées, du destin de la Gaule?

Velléda:

—Cette nuit, il m'a semblé qu'une troupe de cavaliers aériens galopaient vers moi par un ciel orageux, sur les ailes du vent. Celui qui chevauchait à leur tête portait l'étendard de Celtil, les deux mains d'or qui tiennent des épées. Il en effleura ma tête. Aussitôt mes cheveux flambèrent... ma couronne de verveines fut consumée... et le cavalier m'emporta sur son cheval vers le disque du Soleil!

Katmor:

—Cavalier de malheur... ta couronne consumée... maudit présage! Tout se confirme. Je n'osais pas le croire, ce naufragé gaulois, recueilli l'autre jour dans notre île. Il nous disait: «Celtil a disparu... Celtil est mort!» Je vais porter ton oracle aux Druides. Ce soir tu sauras si nous partons pour Erin ou pour la Gaule.

(Il regagne précipitamment la falaise.)

Velléda, restée seule:

—Celtil mort... quand ce cœur bat toujours?

(Elle s'affaisse sur un rocher en serrant des deux mains sa poitrine suffoquée.)

Glentivar, accourant.

—Un navire gaulois a doublé le cap... Il aborde!

Brenno, la suivant.

—La voile est rouge!

Colma:

—Victoire! victoire!

Glentivar:

—Trois guerriers en sont descendus...

Brenno:

—Celtil marche à leur tête!

Colma :

—Voici le Brenn !

(Celtil apparaît avec trois Gaulois sur la plage, devant le récif où le navire est amarré, et reste immobile à distance.)

Velléda :

—Je l'attendais... et de le voir je suis foudroyée... (Elle détourne la tête et baisse les yeux ; puis se reprend et se tourne vers Celtil.) Au nom des Dieux de la Celtique, je salue le Brenn. Quel est son message ?

Celtil :

—Un message de joie. La victoire a semé l'espérance sur nos armes comme l'été ses fleurs sur un champ d'épis. Bibracte est délivrée ; nous campons sur le Rhône. En signe de victoire, j'apporte à l'autel de Bélen trois étendards romains pris sur trois légions et j'y place le signe de la Gaule unie. (Les trois Gaulois disposent devant l'autel les trophées. Celtil y plante l'étendard aux mains d'or croisées, qui tiennent des épées.) Bientôt la Gaule entière sera libre.

(Pendant les paroles suivantes de Velléda, les trois prêtresses de Korridwen jettent des fleurs sur l'autel, font jaillir une flamme de ses cendres et s'agenouillent devant.)

Velléda :

—Puisse, ô Celtil, le flambeau de la Gaule brûler éternellement par la victoire. Mais quel dessein téméraire t'a fait quitter ton pays et voguer jusqu'en cette île sauvage, à travers l'Océan et ses récifs ?

Celtil :

—A la Gaule unie il faut un Dieu nouveau, celui qui m'arma par ta bouche et ta main sous le chêne d'Ésus. Au nom des nations gauloises, je viens demander à l'Archidruide de fonder un sanctuaire de Bélen, à Bibracte, au centre de la Gaule. Velléda en sera la lumière. Mais avant de porter aux Romains les derniers coups, je viens consulter la prophétesse. Il me faut l'oracle de sa voix pour chasser l'angoisse qui m'obsède ; il me faut un nouveau rayon de Bélen pour éclairer la route de mon épée. (Aux trois Gaulois.) Allez veiller sur le navire.

Velléda, aux trois prêtresses.

—Laissez-moi seule avec le Brenn.

Les trois prêtresses, en s'en allant.

—O Dieux, veillez sur le flambeau des Gaules, sur la Voyante de la Celtique.

(Elles remontent sur la falaise par la forêt.)

Celtil fait quelques pas vers elle.

—O Velléda, gloire aux Dieux du ciel et de la terre qui m'ont permis de te revoir, gloire à l'Océan qui m'a porté sain et sauf jusqu'à toi. Tu étais belle quand tu cueillis pour moi le gui sacré, dans la forêt gauloise. Tu es plus belle encore, au chant des vagues innombrables, devant la grotte des Dieux... Et pourtant, je tremble devant toi comme un enfant... l'angoisse qui m'a prise là-bas pèse encore sur mon cœur...

Velléda :

—De quoi aurais-tu peur, toi qui braves l'Océan et la foudre ?

Celtil :

—Je n'espérais plus te revoir... Je te croyais perdue, morte peut-être !...

Velléda :

—Ne me savais-tu pas près de toi, nuit et jour, au combat, au repos ? Ne m'as-tu pas sentie à tes côtés, quand mon âme voyageuse te visitait la nuit ?

Celtil :

—Oui, je sentais ton souffle.

Velléda :

—Parfois, pendant mon sommeil, j'entendais ta voix m'appeler comme une sentinelle de l'autre côté d'un fleuve : «Velléda, Velléda !»

Celtil :

—Je me souviens... Je t'appelais en rêve, et ta voix me répondait, grêle et lointaine comme un son de harpe : «Celtil, Celtil !»

Velléda :

—Penchée sur toi, je te voyais endormi sous la tente, entre des boucliers et des javelots. Et je murmurais à ton oreille : « La forêt est cernée, il faut fuir ! » ou bien : « L'heure est propice, il faut combattre ! »

Celtil :

—Oui, je te sentais là toujours, et je combattais et la Victoire volait devant moi.

Velléda :

—Alors pourquoi ces craintes sur ma mort ?

Celtil :

—Notre ennemie mortelle, la femme du proconsul, Hédonia Tarquinia a voulu me séduire pour me gagner à la paix romaine. Je l'ai repoussée. Alors la terrible magicienne, qui possède ta chevelure, ravie au bouclier de Bélen, a prétendu qu'avec ce talisman et par ses maléfices, elle t'avait envoûtée. Elle te disait captive des pirates, vendue, traînée en Germanie... Je ne pouvais plus vivre sans t'avoir revue vivante... Pardonne !

Velléda :

—Ne me demande pas pardon, Celtil. Je t'attendais aujourd'hui, demain ou dans mille ans, peu importe... Je t'attendais... Cette heure, qui devait venir, n'appartient pas au Temps, mais à l'Éternité.

Celtil :

—Je vivais, je respirais, je combattais pour cette heure... La voici qui fulgure !... mais toi seule tu pourras m'en révéler l'énigme. Autrefois j'allais droit devant moi, sans m'inquiéter du but final, poussé par mon démon. Mais depuis que le rayon de tes yeux m'a sauvé de la mort pour faire de moi le chef de la Gaule, la soif de savoir est entrée dans mon cœur. Tu m'as rendu la vie, donne-moi la lumière ! Dans la forêt sacrée, sous le chêne où parut l'Ancêtre Hû Gadarn, tu m'as ouvert une trouée sur l'immense Au-delà... Maintenant, pour tuer mon angoisse, dévoile-moi le grand mystère des âmes et des Dieux !

Velléda :

—Comme le soleil dans la mer, tu vas regarder jusqu'au fond de mon âme.

(Elle lui prend familièrement la main et le fait asseoir à côté d'elle sur le banc.)

—Je te dirai tout ce que je sais.

Celtil :

—Dis-moi donc d'où je viens depuis l'origine du monde. Dis-moi mon *awen*[1], montre-moi mon Génie — et j'aurai la force de combattre jusqu'au bout.

Velléda :

—Écoute-moi bien. Voilà ce que m'ont révélé les Dieux dans mes visions.

(A partir de ce moment, la grotte devient comme transparente et s'illumine d'une lumière dorée. Des formes humaines, amassées en nuages, se dessinent vaguement sur ses parois profondes.)

« Les âmes, étincelles divines, gouttes lumineuses, descendent du Soleil, du cercle de Gwynfyd. Comme ces vagues, qui se perdent dans le fond ténébreux de la grotte, elles sont tombées dans l'abîme insondable. Jadis, ô Celtil, nous avons vécu maic fois, sur cette terre, et nous revivrons sur d'autres mondes en traversant le ciel.

« Il y a longtemps, longtemps... dans un vaste pays aujourd'hui submergé, dans l'île heureuse de l'Atlantide, tu fus le chasseur hardi, l'archer intrépide, dompteur de monstres. Moi j'étais l'âme errante dans les bois, venue d'un autre astre, étoile frissonnante d'espérance au pays des ombres... La nuit, je te conduisais vers les Dieux — car alors les Dieux et les hommes conversaient ensemble. Nous vivions sous l'arbre de la Vie, dans l'immense forêt du paradis terrestre, et la présence des Dieux était notre souffle de vie... Nous vivions heureux sur terre comme au cercle de Gwynfyd. J'étais la Pure, l'Intangible, ta Sœur divine... Mais tu voulus descendre plus bas dans l'abîme des êtres, dans le gouffre de la vie, pour lutter et pour conquérir, et tu partis vers l'Orient avec l'exode des peuples... tu me quittas.

Celtil :

—Te quitter toi, la Radieuse, de qui fluait la lumière des Dieux, la source de sagesse, l'efflorescence du bonheur ? L'ai-je osé ? L'ai-je pu ?

L'*awen* est le génie du lieu et de la destinée. A chaque individu son awen (NDE).

Velléda :

—Tu me quittas dans l'élan de ton désir sans frein, et moi je demandai d'être ton Génie inspirateur dans toutes tes existences. Tu partis ; et je tombai sans connaissance sous l'arbre de la Vie... Les messagers solaires me promirent que je te retrouverais au plus profond de l'abîme d'Abred et que je t'arracherais au gouffre de la mort. Et je promis de t'être fidèle jusqu'à la fin des temps.

Celtil :

—Alors que devins-tu ?

(La grotte est redevenue obscure par degrés.)

Velléda :

Je souffris, j'errai d'âge en âge, de vie en vie, esclave infortunée. Car il faut que l'âme descendue de Gwynfyd se cherche longtemps avant de se retrouver.

Celtil :

—Et quand tu me revis, captif, victime pantelante, sur le rocher du sacrifice, m'as-tu reconnu ?

Velléda :

—Du premier coup ! Quand nos regards se rencontrèrent, une clarté merveilleuse sillonna ma mémoire. Les siècles passés se levèrent ; les jours lointains de l'Atlantide surgirent comme des îles fleuries de l'Océan.

Celtil :

—Et moi, sous ton regard, je plongeais dans les ténèbres de mon âme. Ton immense amour me révéla mes immenses souffrances. Je compris enfin que je vivais depuis des siècles au cercle de la Nécessité, dans l'abîme d'Abred. Mes luttes sans fin, mes tortures... venaient de ne pas te connaître... Mais t'avoir entrevue, pour te perdre encore, quel nouveau supplice !

Velléda :

—Nous ne pouvons plus nous perdre. Ne nous sommes-nous pas retrouvés ici, au cercle de la Félicité, dans le ciel de Gwynfyd ? N'en sais-tu pas le chemin maintenant ? Même loin de moi, n'y seras-tu pas toujours ?

Celtil :

— Oui, toujours ; mais te voir, te toucher et poser sur ton cœur mon épée de combat pour qu'elle y prenne une forme nouvelle... quelle autre joie... quelle autre puissance !

(Il lui tend son épée.)

Velléda prend l'épée de sa main, la serre sur sa poitrine et en baise la poignée.

— Ah ! qu'elle soit victorieuse comme elle le fut... qu'elle le soit toujours !

Celtil, la reprenant :

— Elle est consacrée par Bélen, puisqu'elle a reçu le baiser de tes lèvres. (Il se lève.) Mais maintenant, ô Velléda, voyante d'Inisthona, dis-moi l'avenir jusqu'à la fin des temps... notre avenir... J'ai besoin de cet oracle pour affranchir la Gaule et conquérir ma vraie patrie.

Velléda se lève, inquiète.

— L'avenir ?... L'avenir !... Je ne le connais pas... Les Dieux ne me l'ont pas révélé... Les ancêtres sont muets... Je n'ai que des signes incertains. Il y a quelque temps, j'eus une vision troublante... Je ne l'ai dite à personne... pas même à mon père, le Grand-Druide...

Celtil :

— Dis-la-moi, parle, parle !... Ne dois-je pas tout savoir ? Ne me l'as-tu pas promis ?

Velléda se rapproche de Celtil, à voix basse, à demi haletante.

— J'invoquais Hû Gadarn, l'ancêtre de notre race. Il ne vint pas... mais un tonnerre formidable roula dans le ciel et retentit dans la grotte. Alors, comme un éclair, un Génie inconnu, casque en tête, armé d'une épée flamboyante, apparut sur les flots soulevés de la grotte. Était-ce un messager du Dieu solaire ? Sa voix sonnait comme un clairon. Il dit : «Pour que Rome soit vaincue, il faut qu'un Dieu s'incarne sur la terre et ressuscite du tombeau... Du fond de la Mort, il apportera l'Amour éternel !» Sous l'éclat du messager solaire et de sa parole, je tombai comme foudroyée... et le Génie terrible disparut.

Celtil, pensif:

—Un Dieu ressuscité... la Mort... l'Amour éternel? En attendant ce Dieu, nous attendrions la mort en silence, je partirais sans espoir pour mon dernier combat et nous serions à jamais séparés?

Velléda, dans une absorption profonde:

—Moi aussi j'ai connu les heures de solitude et d'angoisse. Mais la harpe d'or m'a dit:

«Oh, comprends le bonheur de s'aimer à distance,

«Et de se posséder dans l'éternelle absence,

«D'une éternelle étreinte et d'une immense foi...»

Celtil, comme saisi d'une illumination subite, dans un transport de joie. (A partir de ce moment, la grotte s'éclaire en rouge.)

—Velléda! Velléda!... «Un Dieu ressuscité? un amour éternel jaillissant du tombeau?...» Cet amour, ce Dieu, n'est-ce pas en nous qu'ils vivent? L'homme ne doit-il pas devenir Dieu après tant de luttes et de douleurs? Ne suis-je pas le héros vainqueur? Et toi, la prophétesse de Bélen, n'es-tu pas l'Amante? Si tu m'aimes, je serai Dieu. Si nous joignons nos destinées, je vaincrai le Romain. Je boirai les joies de l'Atlantide sur tes lèvres et le ciel dans tes yeux. A nous deux nous évoquerons les Immortels; ils parleront par notre bouche. (Il veut la saisir; Velléda recule.) Oh! laisse-moi t'enlever sur mon navire, car désormais tu m'appartiens. Viens sur l'Océan, notre patrie première; il écume d'impatience de nous porter. Ne sommes-nous pas libres comme lui? J'ai frôlé les écueils pour te joindre, je volerai par-dessus pour te ravir!

Elle s'est laissé saisir, mais se couvre les yeux de la main.

—Ma vue se voile... le ciel se couvre de nuées d'orage... les Dieux qui m'aimaient s'enfuient loin de moi... (Le ciel s'assombrit, la mer est devenue houleuse. Des gémissements sortent de la grotte rentrée dans les ténèbres.)

Velléda s'écrie d'une voix déchirante:

—Ce sont les Ancêtres qui pleurent la Voyante des Celtes!

Celtil:

—Ce sont des âmes qui aspirent à l'amour de la Femme et veulent s'incarner!

Velléda :

—Perdre ma couronne... perdre mon ciel... jamais !... Le monde divin se voile, il se fond devant moi comme ces fantômes nuageux dans le ciel irrité.

Celtil :

—Il renaîtra de nos étreintes dans un peuple libre !

Velléda s'arrache violemment de ses bras.

—Non, la dernière prophétesse des Celtes ne peut renoncer à sa mission ! Par ma trahison, par mes baisers coupables, se romprait le lien fragile qui joint le ciel à la terre. Sans la vierge d'Inisthona, la race celtique perdra ses Dieux. Je t'aime, mais ne puis te suivre, Celtil.

Celtil :

—Adieu donc pour toujours, nos routes se séparent ; le divin voyage est terminé ; je ne te verrai plus. Garde ton ciel ; je descends dans Abred avec ma seule force et mon défi, pour y périr en héros. Mais je ne crois plus en toi ni en tes Dieux... Oses-tu mesurer la profondeur de l'abîme où je vais descendre ? Eh bien, regarde-moi. (Elle détourne les yeux et se couvre la face.) Ah ! tu refuses à ton héros le regard de tes yeux où se mirent les visions célestes, ta voix par qui clament les oracles, ton cœur en qui palpitent les Dieux immortels et ta chevelure, ce rayon de Bélen ? Le chemin du ciel, c'était toi ! Maintenant, c'est l'enfer que j'invoquerai... Sais-tu bien que la femme de Torquatus, la magicienne noire, Hédonia Tarquinia m'aime et me désire. La Louve romaine garde ta chevelure... J'irai la chercher jusque dans ses bras !

Velléda épouvantée.

—Celtil ?

Celtil :

—Aux heures de combat et de détresse, j'avais rêvé d'un autre ciel que celui où tu vis solitaire, avec tes voix et tes visions. C'était notre ciel à deux. Les Dieux revivaient en nous, parlaient par nos lèvres. N'était-ce pas le flambeau rallumé dans Abred, dans le tombeau de la Mort, par l'Amour tout-puissant du couple parfait ? N'es-tu pas l'âme de la Gaule qui fleurit en verveine sur ta tête ? Ne sens-tu pas son désir vivant dans cette épée victorieuse ? Sur nous aurait fleuri l'arbre de la Sagesse avec l'arbre de la Vie... Mais maintenant je pars pour le royaume de la nuit éternelle, où ne luisent plus les rayons de Bélen. Orgueilleuse Druidesse, adieu !

Velléda :

—Tu veux descendre dans l'abîme d'Abred... Tu n'y descendras pas seul... Velléda n'abandonne pas le héros de son choix. Dans le gouffre de la mort, comme au sommet du ciel, toujours à toi !

Celtil, étonné et frémissant.

—Velléda me revient, les Dieux ressuscitent... le Ciel embrasse la terre...

Velléda :

—Ma couronne de prophétesse à toutes les âmes qui souffrent et qui aiment. (Elle jette sa couronne dans la mer.) Comme je fus aux Dieux, je suis toi !

(Au moment où la couronne tombe dans les flots qui se précipitent dans la grotte, la chevelure de Velléda se répand sur ses épaules en ondes dorées.)

Celtil :

—A travers toutes les existences ?

Velléda :

—A travers toutes !

(Ils se jettent dans les bras l'un de l'autre et se laissent choir, enlacés, sur le banc. Un éclair reluit dans la grotte, suivi d'un long roulement de tonnerre. Sans rien voir et sans rien entendre, les amants restent immobiles, perdus dans la contemplation l'un de l'autre.)

(Celtil, Velléda, Katmor avec trois Druides, peu après Glentivar, Brenno, Colma et Le Pilote. Au moment où Katmor et les trois Druides descendent la falaise, un deuxième éclair reluit dans la grotte. Katmor et les Druides s'avancent jusqu'au milieu de la scène et restent interdits à la vue du couple immobile enlacé sur le banc.)

Premier Druide :

—La Prophétesse aux bras d'un guerrier !

Deuxième Druide :

—C'est un Gaulois...

Troisième Druide :

—Un chef illustre...

Katmor, levant les bras au ciel.

—C'est Celtil !

(Un troisième éclair reluit dans la grotte, suivi d'un plus fort tonnerre. L'Archange Mikaël, en armure luisante, brandissant une épée, apparaît, au-dessus des flots, dans les ténèbres de la caverne.)

Premier Druide :

—Quel est cet esprit redoutable ?

Deuxième Druide :

—Un Génie inconnu.

Troisième Druide :

—Un messager du Dieu solaire.

Katmor :

—Au nom d'Ésus et de Bélen qui es-tu ?

Mikaël :

—Je suis l'Archange Mikaël ; écoutez le message de l'Esprit suprême. —La prophétesse des Celtes a perdu sa couronne... Elle plonge dans Abred avec son héros et n'en sortira qu'avec lui... Les vieux Dieux se retirent, un nouveau Dieu est descendu sur terre et ressuscité d'entre les morts... C'est lui qui régnera sur la Gaule et le monde.

(Mikaël disparaît.)

Les trois prêtresses, accourant.

—Malheur ! Malheur ! Malheur !

Glentivar :

—Une autre barque est venue par la tempête !

Brenno :

—La voile est noire...

Colma :

—Présage sinistre !

Glentivar :

—Voici le pilote. (Un Pilote vêtu d'une peau de bête et portant une rame à la main sort de derrière le récif. —En même temps, les trois Prêtresses aperçoivent le couple enlacé, qui n'est pas encore sorti de son extase, et poussent un cri d'effroi.) Debout Celtil ! Un message de la Gaule !

(Celtil bondit sur ses pieds et accourt vers le Pilote. Velléda reste assise, morne et la tête baissée.)

Celtil, au Pilote :

—D'où viens-tu ?

Le Pilote :

—D'Armorique, de la part de Kynval, à qui tu as confié le commande-ment de ton armée. Il te fait dire ceci : « Volusénus et Virdomar ont trahi le Brenn. Les Romains ont repris Bibracte et menacent le sanctuaire des Carnutes. Accours, si tu veux sauver les restes de la Gaule. »

Katmor, à Celtil :

—Voilà ton œuvre !

Celtil :

—Elle n'est pas terminée, elle recommence ! Sur la bouche de la pro-phétesse, j'ai bu le feu sacré de Bélen. Le sang des Dieux a passé dans mes veines. Maintenant je puis donner à la Gaule une âme nouvelle et vain-cre en mourant !... (Se tournant vers la Druidesse qui se lève éperdue.) O Velléda, à jamais à toi, sur la terre et dans le Ciel !... (Aux Druides.) A tous au revoir, au sanctuaire de Bélen, au jour de la victoire ! —Et maintenant, en mer ! en mer !

(Il sort avec le Pilote.)

Velléda, fait quelques pas sur la plage, les bras étendus, en appelant :

—Celtil ! Celtil !

(Puis elle tombe à terre évanouie.)

Katmor:

—Implacable Destin, tu t'accomplis!

(A ce même moment, le soleil rouge se couche sur la mer dans un
ciel de tempête.)

VII

La Lutte pour la vie

Au sommet d'une montagne au centre de la Gaule, des rochers reliés par un mur en pierres cyclopéennes encerclent le paysage de tous côtés.

A gauche et à droite, deux brèches dans le mur, par où des chemins descendent dans la forêt. Par-dessus le mur, se dressent les cimes des arbres, sapins et hêtres, qui boisent les pentes de la montagne.

A gauche, deux grands menhirs forment un porche. Les pointes de ces monolithes jumeaux, en pierre brute non taillée, se dessinent sur le ciel.

A droite, un large rocher forme une sorte de plate-forme surélevée, d'où descendent les marches d'un escalier naturel à larges dalles. On devine, derrière ce rocher, d'autres marches descendant en sens opposé, à travers bois, l'escarpement du sommet.

Au fond, un tumulus imposant, sorte de dolmen gigantesque, s'encastre dans le mur. Il est recouvert d'un bloc énorme sur lequel poussent des touffes de genêts et d'ajoncs. Dans les parois du roc, couverts de dessins bizarres, s'ouvre un couloir de forme trapézoïdale qui descend par un escalier vers une porte murée d'une grosse pierre. C'est le tombeau de Hû Gadarn.

La nuit est étoilée.

Épodorix entre par les deux menhirs, avec une torche, suivi de Torquatus, tous deux en armure de combat.

Épodorix, éclairant le tumulus de sa torche.

—C'est là qu'ils vont venir. Ce lieu prédestiné est le cœur de la Gaule. Pour moi qui connais ce repaire, il n'a rien de terrible. Un nid de renards et de hiboux. (Il plante sa torche à l'entrée du tombeau.) Regarde !

Torquatus jette un regard dans l'entrée sombre de la crypte.

—Qu'est-ce que cela ?

Épodorix :

—Le tombeau de Hû Gadarn, l'Ancêtre des Gaulois, disent-ils.

(Il hausse les épaules.)

Torquatus fouille un instant la crypte avec la torche et recule brusquement.

—Engoulevents et chauves-souris, une nuée sinistre de volatiles en sort... C'est étrange... dans cette forêt lugubre, parmi ces rochers sauvages, remords et terreurs, tous les fantômes de ma vie m'assaillent à la fois... Je revois la sorcière bretonne que j'ai fait périr jadis... j'entends son cri terrible... J'ai beau faire, la malédiction de Strinadona est toujours sur moi!

Épodorix:

—En vérité, grand proconsul de Gaule, tu m'étonnes... et je ris de tes terreurs. Quoi? tu viens de remporter ta plus belle victoire. Grâce à la fuite de Celtil emporté sur la piste de sa Druidesse, Volusénus abandonne ses alliés, Kynval est battu, nous repoussons l'armée gauloise, Virdomar nous livre Bibracte. Te voilà maître de la moitié de la Gaule... et tu craindrais des fantômes?

Torquatus:

—La Gaule est en déroute, mais Celtil est revenu; elle va relever le front. A la suite du Brenn; Velléda entraînant l'Archidruide, est rentrée au sanctuaire de Bélen. Celtil est la tête de la Gaule, Velléda en est l'âme. Tant que je ne les tiendrai pas à merci, je ne serai pas le maître de la Celtique.

Épodorix:

—Tu les tiendras demain.

Torquatus:

—Ce n'est pas tout. Strinadona m'a prédit que mon cœur serait rongé jusqu'au dernier soupir par le tourment du doute et de la jalousie. Elle disait vrai... Celtil et ma femme se sont vus à la villa du Rhône... Eh bien! Le croirais-tu? Je suis sûr qu'ils s'entendent en secret...

Épodorix, avec un grand geste de surprise:

—Que dis-tu? L'épouse du proconsul, la fille des Césars, la Romaine au cœur de bronze, qui joint le génie d'Agrippine à la vertu de Virginie!

Torquatus:

—Le génie d'Agrippine –pour sûr, mais la vertu de Virginie? Je la con-

nais depuis trop longtemps pour y croire ! – Ici personne ne nous entend...
Écoute... Une nuit, pris d'un désir violent, je me glissai dans la chambre
de Hédonia. Elle dormait sur son lit, les seins nus, agitée d'un sommeil inquiet. Une lampe à la main, je me penchai sur elle. Alors, je l'entendis mur-
murer à mi-voix : « Pourquoi me fuir, Celtil ? Le laurier de César ne vaut-il
pas le torque d'un chef gaulois ? » Saisi d'une terreur invincible, j'éteignis
la lampe et je m'enfuis de la couche voluptueuse d'où s'échappaient de si
lourdes haleines, comme si, dans ce corps parfumé, j'allais étreindre une
Messaline et boire sur sa bouche tous les poisons de Locuste !... Seul, dans
la nuit, je jurai de la tuer... Mais le lendemain, cette femme terrible me
reprit d'un seul regard de ses prunelles brûlantes et traîtresses. Et quand,
pour comble d'audace, elle me nargue en agitant sous mes yeux la chevelure de Velléda, qu'elle appelle son talisman – elle me rend fou !

Épodorix :

—Chimère et traîtrise de femme ! Regarde-la en face, montre-lui ton
épée, et d'un seul mot ferme lui la bouche en déchirant sa toile d'arai-
gnée.

Torquatus :

—Il n'est qu'un seul remède à mon mal. II me faut Celtil pour mon
char de triomphe et Velléda pour esclave. Comme Agamemnon traîna
Cassandre, la pythonisse troyenne, dans sa couche —je veux traîner la
prophétesse gauloise dans ma demeure aux yeux de l'épouse furieuse. Et ce
n'est pas elle qui m'étranglera dans son filet comme la reine Clytemnestre,
c'est moi qui l'étoufferai de ces deux mains, malgré sa belle gorge, à moins
que, domptée, elle ne roule à mes pieds en implorant sa grâce ! (Il fait
un mouvement comme pour chasser des fantômes.) Ah ! la malédiction
de Strinadona. Toujours les ténèbres dans le sang, la volupté et la mort !
(D'un mouvement subit, comme pour déchirer un voile.) Mais qui sait ?
Peut-être trouverai-je dans les yeux de Velléda la joie des Dieux...

Épodorix :

—Allons au plus pressé. Je te fournis le moyen de t'emparer de Celtil
mort ou vif et d'apparaître aux yeux des Gaulois avec le prestige d'un Dieu
qui règle les destins de la Gaule. Les trois chefs qui résistent encore doivent se rencontrer ici avec le Brenn, au point du jour, pour se concerter sur
le dernier effort de leurs armées en déroute. Ta légion cachée dans le bois

cerne la montagne. Une fois ici, ils sont perdus. — Or, c'est aujourd'hui le solstice d'été. Le soleil se lèvera entre ces deux menhirs. Au moment précis où l'astre nouveau qu'ils adorent jaillira de la forêt entre ces deux pierres, tu apparaîtras sur la roche en face, sous les rayons du soleil naissant, comme le vrai César, désigné par le Dieu lui-même, en face du faux César, Celtil. En même temps, au son de la trompette romaine, tes légionnaires fondront de toutes parts sur les chefs consternés. Le Brenn garrotté sera vaincu à jamais, et toi, *imperator* des Gaules !

Torquatus :

— Épodorix, tu es digne d'être proconsul. Tu seras préfet d'Arvernie et Vespasien te nommera sénateur de Rome. Loin de moi les fantômes. Me voici redevenu général romain.

Épodorix :

— Le jour approche ; ils vont venir. A la besogne.

(Ils sortent par un sentier caché derrière le tombeau de Hû Gadarn.) Kynval, apparaît entre les deux menhirs et cherche à discerner quelqu'un dans le demi-jour de l'aube, puis il appelle d'une voix forte :

— Celtil !

Celtil apparaît sur la plate-forme rocheuse en face et répond :

— Kynval !

(Ils courent et se précipitent dans les bras l'un de l'autre. Un rayon de la lune décroissante, qui disparaît entre les sapins, les éclaire un moment.)

Kynval :

— Je te croyais noyé dans l'Océan.

Celtil :

— Je te croyais mort dans la bataille.

Kynval :

— En toi je retrouve l'Espérance !

Celtil :

— En toi j'étreins la Vie ! Ah ! mon unique ami, quel coup de foudre du

Destin! Depuis mon retour, les Gaulois me fuient; quel désert autour de moi. Je lis le désespoir sur tous les visages et ma mort dans tous les yeux. C'est à peine si l'on accorde le pain et le sel au Brenn de la Gaule, avec une place au foyer.

Kynval:

— Tu ne sais pas encore tous nos désastres. Depuis ton départ, le malheur s'acharne après nous. Les chefs de la Gaule, que tu avais ramassés en un faisceau, se sont dispersés. Trois légions ont franchi les Alpes et Torquatus a fondu sur nous. Volusénus a rejoint Tolosa avec son armée; Corrée a regagné le pays des Bellovaques. Un combat sanglant fut livré sous Bibracte; nous fûmes débordés par six légions et Virdomar a rendu la ville aux Romains. A vingt stades d'ici j'occupe un ancien camp romain avec les clans de l'Armorique. Litavic et Cativolte y sont avec ce qui reste des Allobroges et des Carnutes. Là, nous nous défendrons jusqu'à la mort. Car te revoilà, toi mon frère de combat, toi le Brenn, toi le gage de la victoire!

Celtil:

— O sublime fraternité des âmes et des armes, tu es la gardienne du sol sacré, des ancêtres et des Dieux! — Kynval, ta foi me reste. Dans ton regard, dans tes bras, je retrouve la Gaule entière. Jure-moi de ne pas m'abandonner, même si les autres me trahissent!

Kynval:

— Je jure de te défendre par delà la vie. Comme toi tu aimes ta prophétesse, vivant de son souffle, je vis de ton puissant respir. En Elle, je l'ai vu, tu aspires les Dieux présents; en Toi, je contemple leur messager, mon héros radieux. Combattre avec toi, est ma seule joie; mourir pour toi, est ma seule espérance. Après notre sang vingt fois mélangé sur le champ de bataille, qui peut nous séparer? Pas même les Dieux! Notre chaîne est forgée pour ce monde et pour l'autre. — Voici nos amis.

Celtil:

— Nos amis!... Le sont-ils encore?

Cativolte et Litavic arrivent par le porche des deux menhirs et s'arrêtent à quelques pas de Kynval d'un air de défiance.

Celtil :

—Au tombeau de l'Ancêtre, au nom de la Gaule immortelle, salut !

(Celtil et Kynval étendent leurs épées vers les arrivants.)

Cativolte :

—Rengaine ton épée ; nous ne croisons plus la nôtre avec la tienne. (Il regarde autour de lui d'un air inquiet.) Nous sommes venus à ton appel, malgré les Romains qui nous épient, mais nous sommes ici pour t'accuser. Tu vas nous rendre compte de ton départ subit, cause de nos désastres.

Celtil :

—Parlez. Le Brenn vous écoute et vous répondra.

Cativolte :

—Brenn ? Tu ne l'es plus. Ah, tu le fus, oui, quand nous t'avons acclamé et porté sur nos boucliers.

Aquitains, Allobroges, Arvernes, Camutes, Armoricains et Bellovaques, tous t'ont suivi. Les Dieux nous favorisent. Trois victoires nous amènent sur le Rhône. Gergovie va se rendre ; le proconsul tremble devant nous ; nous n'avons plus que deux pas à faire pour écraser les Romains dans leur camp de Narbonne et saluer la Méditerranée, en agitant nos étendards en fleurs de ce cri : «La Celtique est libre !...»

Alors, toi, tu disparais... comme un fou, comme un lâche, pour t'en aller en Bretagne, à la poursuite d'une chimère !... Où étais-tu quand nous attendions l'ennemi ? Où étais-tu, quand huit jours après ton départ trois légions franchirent les Alpes et quand Torquatus nous repoussa avec des forces redoublées ?

Celtil :

—Il fallait vous enfermer dans le camp fortifié du Rhône. Je serais revenu pour vous délivrer.

Cativolte :

—Vaines paroles. Sans le Brenn, tous se sont dispersés. Volusénus a rejoint Tolosa, Corrée les Bolges et Virdomar sa ville natale. Où étais-tu, quand, devant Bibracte, nous avons subi l'assaut du proconsul et de ton frère Épodorix ? Honte à toi, qui nous as valu ces malheurs. Rends-nous

nos clans décimés, nos chevaux perdus, nos villages en flammes, sinon nous n'avons plus qu'à rendre nos armes aux Romains !

Celtil :

— Gaulois de peu de courage et de peu de foi, ce que nous avons perdu, je vous le rendrai au centuple, si vous croyez à ma parole, si vous osez me suivre encore. — Pour tenir ensemble, en un trophée victorieux, les faisceaux épars des nations celtiques, un chef, un Brenn ne suffit pas. Il y faut encore le soleil d'un Dieu puissant dont les rayons pénètrent tous les cœurs et luisent jusqu'aux extrémités de nos plages perdues dans l'Océan. Bélen est ce Dieu et Velléda, la prophétesse, son verbe vivant. L'Archidruide, jaloux de cette puissance nouvelle, enferma sa fille dans l'île d'Inisthona. C'est là que je suis allé consulter le Dieu qui m'a donné le titre de Brenn avec la branche de gui, par la voix de sa prêtresse. Je vous ramène ce Dieu avec l'Archidruide et la Druidesse. Car ils m'ont suivi de près. Plus rapide que l'hirondelle, la barque de Velléda a volé sur les flots, ils sont revenus au sanctuaire des Bellovaques. Autour d'eux, tous les Celtes du Nord vont se rassembler, si nous résistons ici.

Litavic :

— La prophétesse est revenue, dis-tu... mais son Dieu l'a-t-il suivie ? L'Archidruide est avec elle... Mais nous ramène-t-il les Ancêtres qui nous abandonnent ? Tu nous rejoins après la défaite... mais seras-tu vainqueur une seconde fois ? Hû Gadarn viendra-t-il, comme au jour de ton élévation, sortir de son tombeau pour te saluer ? Non ; tu es déchu. Tu as failli à ton devoir, et les Dieux t'abandonnent. La Druidesse elle-même n'est plus la vierge voyante... On dit que Velléda, éprise d'un fol amour, a perdu son pouvoir prophétique...

Celtil :

— Pauvre insensé, tu ne l'as pas entendue comme moi. Vous ne l'avez pas vu évoquer les Génies du passé et de l'avenir, dans la grotte des Dieux... au grondement de l'Océan captif... près du temple de basalte où pénètre le flot. Vous n'avez pas pénétré, avec Elle, par-delà l'empire de la mort, dans le cercle de la Félicité divine ! Elle vous apporte le vrai rayon de Bélen. Il nous faut le libre Dieu solaire pour combattre le ténébreux Jupiter de Rome qui opprime le monde. (Il marche vers la plate-forme rocheuse.) Accordez-moi le dernier combat pour lequel je suis venu, et je vous promets qu'ici, au centre de la Gaule, en face du tombeau du Grand Ancêtre, nous bâtirons un temple à la gloire de Bélen. Aussi vrai que ce matin, jour du solstice d'été, le soleil va se lever entre ces deux menhirs, Bélen joindra en un faisceau vivant les peuples libres de la Gaule !

(Au moment où Celtil s'approche des marches qui conduisent à la plate-forme pour y monter, Torquatus, sous l'armure du général romain, et le manteau pourpre du proconsul, apparaît lui aussi, suivi d'Épodorix et de deux Licteurs. Un rayon du soleil levant, qui passe entre les deux menhirs, vient le frapper et fait étinceler sa cuirasse et son casque.)

Torquatus :

—Tu te trompes, Celtil, les Dieux sont avec Rome et Bélénus lui-même, votre Dieu, me proclame à cette heure chef de la Gaule. Au nom de César Vespasien, moi, Métellus Torquatus, proconsul de Gaule, je prends possession de la montagne et du sanctuaire de Hû Gadarn.

Celtil, un moment interdit, se retourne vers Cativolte et Litavic.

—Quoi ? Vous ne répondez rien ? Vous restez immobiles ? Est-ce à moi seul que vous laissez l'honneur de frapper le sacrilège ?

(Cativolte et Litavic tirent leurs épées.)

Torquatus :

—Avant de m'attaquer, regardez autour de vous ! (Les quatre chefs gaulois se retournent et voient de tous côtés des légionnaires romains apparaître sur le mur cyclopéen, ils sautent à terre tous ensemble, forment un demi-cercle autour des chefs et concentrent leurs longues lances sur leurs poitrines. Cativolte et Litavic restent pétrifiés. Celtil et Kynval se mettent en défense devant le tombeau de Hû Gadarn.) Vous le voyez, Gaulois, votre Dieu Bélénos est pour les Romains. Ce Dieu est aussi le nôtre et se nomme Apollon. De cette forêt de sapins, il a fait sortir la forêt d'acier qui cerne la montagne. Chaque arbre enfante un légionnaire. Vous êtes les prisonniers de Rome — et rien désormais ne peut vous tirer de ses mains. Si vous prêtez le serment à César, je vous laisse vos armes...

Celtil, l'épée nue devant le tombeau de Hû Gadarn :

—Le serment à César ? Qu'on vienne le chercher dans ma poitrine ouverte, pour lire dans mon cœur sanglant le serment à la Gaule !

Kynval:

—Et moi aussi je suis prêt à mourir avec le Brenn. Mais avant d'expirer sous le glaive romain, je te tuerai, Épodorix, traître à ton frère et traître aux tiens. Car c'est toi qui nous as livrés à l'ennemi!

(Kynval veut se frayer un chemin vers Épodorix à travers les légionnaires qu'il écarte à coups d'épée, mais deux d'entre eux parviennent à le saisir et l'arrêtent.)

Épodorix dit à Torquatus:

—En présence des Gaulois et des Romains, laisse-moi châtier cet insolent, le bras droit de mon frère rebelle et son mauvais génie. Sans lui, il ne pouvait rien. C'est Kynval l'Armoricain, par son exemple téméraire, qui aida Celtil à séduire les Gaulois.

Torquatus:

—Soit, je permets ce combat singulier. Si Kynval est vainqueur, qu'il reste libre en payant le tribut avec ses Armoricains. S'il est vaincu, qu'Épodorix achève l'Armorique et rase toutes ses forteresses. Aux armes donc! Que la Gaule celtique attaque la Gaule romaine. Nous verrons qui des deux est la plus forte.

(Kynval attaque Épodorix avec impétuosité et le repousse jusqu'aux deux menhirs. A ce moment, un rayon de soleil perçant les nuages éblouit Kynval, qui recule en parant les coups de l'adversaire avec son bouclier. Enfin Kynval, frappé mortellement, tombe dans les bras de Celtil.)

Kynval:

—Je meurs pour toi... je meurs heureux... A toi, mon frère d'armes... mon dernier souffle... Au revoir dans les libres espaces... au ciel de Gwynfyd... (Un rayon de soleil tombe sur eux.) Tu le vois, Bélen nous sourit... Celtil, je crois en toi!...

(Il meurt. Celtil le couche à l'entrée du tombeau, en appuyant la tête de Kynval sur une pierre.)

Celtil:

—Le dernier Gaulois libre vient d'expirer au tombeau de l'Ancêtre. (Il s'agenouille près du corps de Kynval et l'embrasse au milieu de l'émotion générale, puis il se relève.) O Bélen serait-ce là ton châtiment d'avoir cherché le feu divin sur les lèvres de la vierge prophétesse? Dernier supplice, affreuse torture dans l'abîme d'Abred au cercle de la Nécessité!... Mon faux frère m'a tué mon frère d'âme, mon frère d'élection! Maintenant je suis seul... (D'un élan subit.) Torquatus, laisse-moi combattre à mon tour pour venger dans le sang d'Épodorix le sang du plus fidèle des Celtes.

Torquatus:

—Non pas. Les armes ont décidé entre Épodorix et Kynval. Les Dieux ont décidé entre toi et moi. Ils t'ont livré entre mes mains. A Cativolte, à Litavic j'accorde le pardon. Mais toi, tête de la révolte et torche de la guerre, toi l'incoercible ennemi de Rome, tu demeures mon prisonnier. Le plus fier rameau du chêne gaulois sera l'ornement de mon char de triomphe. — Ton épée!

Celtil:

—Jamais!

Torquatus:

—Qu'on le saisisse!

Celtil se met en défense devant le tombeau de Hû Gadarn.

—La mort à qui m'approche! Je vous défie tous! Approchez donc. Tuez-moi sur le corps de l'Ami.

Épodorix dit alors à Torquatus:

—Un coup de lance à la gorge, et tout sera fini.

Torquatus:

—Arrêtez! Je le veux vivant. (A Celtil.) Rome toujours honora le courage intrépide chez ses adversaires. Jure-moi de ne te servir de ton épée ni contre tes gardiens ni contre toi-même, et tu la garderas dans ta prison jusqu'au jour où la hache du licteur tranchera ta tête au Capitole.

Celtil:

—J'en fais serment, mais si les Dieux me délivrent, elle servira la liberté gauloise.

Torquatus:

—Va donc. Qu'on le conduise à la Tour du Rhône, dans le cachot où

Némésis veille sur les victimes couronnées. — Tu peux y conspirer contre Rome, ô Celtil. Je te le permets. Mais, sache-le, tu ne reverras pas celle qui t'inspira, ta prophétesse... Car bientôt Velléda sera en mon pouvoir...

Celtil :

— Velléda en son pouvoir...

Torquatus :

— Et d'Elle, de sa bouche... je saurai le secret des Dieux que tu n'as pas su lui dérober...

Celtil :

— Cela, je t'en défie !

Torquatus :

— Au revoir, au Capitole. (A Épodorix.) Et maintenant, au sanctuaire de Bélen.

Dans un cachot de la Tour du Rhône, une grande salle est voûtée. Un vague demi-jour tombe d'en haut, d'une lucarne grillée.

A gauche, il y a un couloir qui conduit à une porte. Près de ce couloir, dans le mur, une niche où sont placés un casque et un bouclier. Au pied de la niche, un grand vase de bronze.

Dans le fond, vers la droite, le grabat où dort Celtil. Au-dessus de la couche, dans un retrait du mur, on aperçoit, éclairée d'une lueur jaunâtre et blafarde, une grande statue en marbre de la déesse Némésis. Elle tient une épée dans sa main droite, un écheveau de cordes dans sa main gauche.

> Hédonia entre par le couloir. Elle est vêtue d'une robe de pourpre, la tête couverte d'une gaze rose en forme de flammeum. Le Centurion la suit et referme la porte derrière lui. Il porte, dans une main, une coupe d'or, dans l'autre, un glaive.

Hédonia :

— Pose la coupe ici. (Le Centurion place la coupe dans la niche, près du bouclier et du casque.) Où est le Brenn ?

Le Centurion :

— Il dort là-bas d'un sommeil de plomb.

Hédonia:

—Le geôlier de la prison est-il gagné à ma cause?

Le Centurion:

—Ta cassette d'or a fait des miracles. Le drôle ne jure plus que par toi.

Hédonia:

—Tout est-il prêt pour l'évasion? Les chevaux, les cavaliers de ma garde et la cohorte fidèle qui doit nous conduire au camp de Narbonne?

Le Centurion:

—Les chevaux hennissent, les cavaliers sont en selle, la cohorte est sous les armes et brûle de partir.

Hédonia:

—Tu as bien travaillé, mais ce n'est pas tout. (D'une voix sourde et pressée.) As-tu introduit ici l'esclave gaulois, chargé d'annoncer au captif la fausse nouvelle de la mort de Velléda?

Le Centurion:

—Oui. Si jamais acteur a gagné son salaire, c'est bien lui. Quel spectacle de l'entendre raconter la mort imaginaire de la prophétesse, qui, selon ton invention, se serait empoisonnée au temple des Bellovaques en apprenant la capture de son Brenn adoré. Le faux messager a si bien imité les gestes et les cris de la Druidesse mourante, que j'en ai versé des larmes.

Hédonia:

—Et le Brenn?

Le Centurion:

—Il a tout cru.

Hédonia:

—Mais qu'a-t-il dit?

Le Centurion:

—D'abord il fut atterré, puis il a rugi comme un lion en cherchant son épée. Mais, sur ton ordre, je l'avais enlevée. Alors il s'est jeté sur moi pour m'étrangler. Je l'ai fait lier, par trois légionnaires, avec une chaîne de fer. Maintenant il dort épuisé. Voici la petite clef qui ouvre le cadenas de la chaîne, si tu veux le délivrer.

Hédonia prend la clef.

—C'est bien. Où est l'épée de Celtil ?

Le Centurion :

—La voici.

Hédonia :

—Mets-la dans la niche. (Le Centurion place l'épée verticalement sur le bouclier, la pointe en bas, entre le casque et la coupe.) Je ne lui rendrai son glaive que lorsqu'il aura bu cette coupe de vin massaliote, qui calmera sa colère et retournera son cœur impétueux.

Le Centurion :

—Es-tu bien sûre du cœur de ce Celte indomptable ?

Hédonia :

—Cette coupe renferme un philtre puissant d'Aphrodite auquel nul ne résiste. Et puis, Hédonia Tarquinia est toujours sûre de ce qu'elle veut. Un dernier mot ; n'oublie pas l'essentiel. En sortant d'ici, referme cette porte ; que le geôlier s'y tienne. Quand je frapperai du pommeau de l'épée sur l'amphore de bronze, que la prison s'ouvre toute grande. Qu'un cheval soit prêt pour la fuite de Celtil. Je le suivrai sans tarder au camp de Narbonne.

(Le Centurion sort. Hédonia s'approche du grabat de Celtil et se penche sur sa tête, par derrière, sans qu'il s'en aperçoive, dans les demi-ténèbres. Elle épie les paroles qui échappent à son réveil.)

Celtil :

—O soleil de Bélen, qui luisait à travers l'Arbre de la Vie, dans les forêts de l'Atlantide, feuillages animés où chantait la voix de mon Génie... où êtes-vous ?... Où es-tu, chêne puissant de l'Ancêtre, où m'apparut la Druidesse, avec le rameau d'or, le rameau d'immortalité ?... Où sont mes compagnons de guerre, cavaliers frémissants lancés d'un même galop vers l'horizon pourpré de gloire ?... Où es-tu, Kynval, mon frère d'armes, chair de ma chair, cœur de mon cœur, mon dernier ami ?... Tous balayés par la tempête, tous emportés sur le fleuve noir de l'oubli... Et moi, je languis seul dans les ténèbres d'Abred, sous les chaînes du Destin. Mais toi, Velléda, messagère des Dieux, divine prophétesse, Amante éternelle, qu'es-tu devenue ? Si tu vivais encore, ton âme viendrait comme autrefois se pencher sur mon sommeil... Mais puisque tu es morte, pourquoi ne viens-tu pas me délivrer et m'emporter dans le ciel de Gwynfyd ?

(Il se soulève sur son coude en faisant sonner sa chaîne. —A ce moment, la statue de Némésis, éclairée d'un rayon blafard par la lucarne d'en haut, apparaît plus nettement dans une lumière jaune et sinistre.)

« Ah ! si dans les cercles infinis du firmament, dans leurs abîmes bleus et noirs, je ne devais plus te revoir, ma Velléda... Alors je me voue à toi, sombre Génie de mon enfer, déesse implacable, à qui mes ennemis ont confié ma garde. A toi de me trancher la tête et de la jeter dans la nuit comme un sanglant météore !... C'est ma mort que je réclame de toi... ma mort !

(Il retombe épuisé sur sa couche.)

Hédonia ouvre le cadenas de la chaîne.

—Ce n'est pas la mort que je t'apporte, mais la liberté.

Celtil se dresse sur son séant et rejette sa chaîne.

—Toi ? la femme du proconsul ? Hédonia Tarquinia ? Que viens-tu faire ici au jour de ma défaite ? Pourquoi tes yeux fouillent-ils mes entrailles comme des torches ardentes ? Veux-tu boire mon sang ? Viens-tu te repaître de mon supplice ?

Hédonia :

—Comme tu me connais mal ! Quand je t'ai vu pour la première fois, je t'ai montré le chemin de la puissance... tu ne m'as pas compris. Maintenant ta Velléda, cause de tes malheurs, est morte... et toi-même te voilà condamné à périr sous la hache du licteur. Tu n'as plus à vivre que des jours de désespoir. Pourtant, tu le vois, Celtil, je ne t'ai pas oublié.

(Elle se penche vers lui et pose sa main sur son épaule.)

Celtil se lève.

—Étrange femme ! Pourquoi t'attacher à un condamné à mort ?

Hédonia :

—Parce que je t'aime. Oui, bien des hommes ont rampé à mes pieds ; d'autres m'ont trahi et ont succombé à ma vengeance d'autres ont pâli comme des fantômes sous mes baisers et sont morts de ma trop puissante étreinte. Faibles tous... je les méprise. Toi seul je t'aime, car tu n'as pas tremblé devant moi... Que sont tous ces vils flatteurs, esclaves d'un tyran stupide, histrions de la gloire, soldats fanfarons, qui vont à la guerre comme des lutteurs de foire?... Tribuns hurleurs, rois fantoches, Césars de tréteaux, qu'on trouve cachés dans une cave au jour du combat! Toi, tu es un homme libre, un héros intrépide et je veux faire de toi un César vrai.

Celtil:

—Un César? Que m'importe l'empire? Jamais Celtil ne trahira la Gaule.

Hédonia:

—La Gaule n'est plus. Un plus vaste royaume t'attend... Tu n'as qu'à vouloir! Écoute! Les légions de la Gaule et du Rhin ne veulent pas de Vespasien, cet empereur d'Orient. Elles n'obéissent à Torquatus que parce qu'il est proconsul. Qu'un empereur gaulois soit proclamé par les légions romaines, et l'Italie nous appartient. Je suis fille des Césars, la légion narbonnaise m'est dévouée, les nouveaux insignes sont prêts, les centurions sont avertis de ma venue. Un coup de force est préparé qui va changer la face du monde. D'un mot, tu peux bondir du fond de ton néant au sommet de le gloire! —Partons-nous pour le camp de Narbonne? Tu n'as qu'à dire: «Je veux!» et, par la magie de Hédonia, l'univers t'appartient!

Celtil, effrayé.

—C'est impossible!

Hédonia:

—Songes-tu bien que j'ai risqué ma tête pour toi? Quoi que je fasse, Torquatus saura mon complot. Si tu refuses de me suivre, je suis perdue. Veux-tu ma mort et la tienne, ou notre vie à deux?... et quelle vie!...

Celtil:

—Arrière, tentatrice, magicienne de mort!

Hédonia:

—La Souffrance et la mort sont ici... moi je t'offre la joie et la vie, victoires et triomphes, fêtes et voluptés. (Elle va prendre la coupe de vin et la lui présente.) La vois-tu cette coupe, et sais-tu ce qu'elle renferme? Si tu la bois, l'univers changera d'aspect pour toi... Le ciel et la terre se revêtiront de rose, le sang des Dieux coulera dans tes veines... (Elle se rapproche de lui.) Si le pouvoir, les faisceaux consulaires, le Capitole ne te sourient pas... te laisseras-tu tenter par l'amour d'une femme qui préfère livrer sa nuque de patricienne aux mains brutales des licteurs et sa gorge royale à leur glaive, que de ne pas te posséder!... (Elle enveloppe les épaules et la tête de Celtil de la gaze rose de son flammeum et le fait asseoir avec elle sur le grabat.) Aimeras-tu cette femme qui préfère le grabat d'une prison, où dort son héros gaulois, aux lits somptueux du Palatin? —Ah, tu ne connais que les fiertés de Hédonia Tarquinia, tu ne connais pas encore ses caresses et son amour!... (Elle l'entoure de ses bras.) Consens-tu à me suivre maintenant?

Celtil s'arrache de ses bras et se lève.

—J'y consens si tu me rends mon épée.

Hédonia:

—Je te rendrai ton épée, si tu bois cette coupe... dont je prends une gorgée. (Elle y trempe ses lèvres et la lui tend.) Bois à ton tour! (Celtil prend la coupe, il paraît hésiter. Ses yeux restent fixés sur Hédonia. Celle-ci se tourne vers la statue et murmure.) O Némésis, fais passer dans son sang mon âme et ma pensée!

(La statue de Némésis s'est noyée dans l'obscurité. A sa place, apparaît le corps astral de Velléda. La blanche figure de la Druidesse ressort vivement de la pénombre, où elle flotte dans une sorte de halo lumineux. Ses yeux brillent d'un grand éclat, sa main droite tient une branche de gui d'un geste de commandement. Hédonia pousse un cri perçant et recule effrayée. Celtil laisse tomber la coupe et reste les yeux rivés sur l'apparition.)

Celtil:

—Est-ce toi, Velléda?... Oh, parle!... C'est avec ce visage que jadis ton âme se penchait sur mon sommeil, que tu flottais devant moi pour m'annoncer la victoire... Si tu es morte, si tu n'es plus qu'une ombre... rends-moi ta bouche suave une dernière fois... Si tu es vivante, parle-moi!...

Velléda, d'une voix solennelle et comme lointaine.

—Je suis vivante et je t'attends... Regarde... et prends ton épée!

(Un rais de lumière part de Velléda et va frapper le bouclier, le casque et l'épée dans la niche, près de la porte. Pendant que Celtil se jette sur ses armes, le corps astral de Velléda disparaît.)

Celtil, armé du casque et du bouclier, brandit son épée.

A Hédonia :

—O menteuse éternelle, tu m'as trompé une fois encore. Velléda n'est pas morte... La voix de son âme me l'a dit... j'en suis sûr... Et maintenant rien ne m'empêchera de la rejoindre !

Hédonia, furieuse.

—Misérable ! Tu ne sortiras pas d'ici. D'ailleurs tu n'as pas le signe magique pour franchir cette porte !

Celtil :

—Je saurai le trouver comme je saurai trouver le chemin de la Druidesse.

Hédonia :

—Tu n'iras pas à ta Druidesse. C'est moi qui commande à ma cohorte et tes sauveurs deviendront tes bourreaux.

Celtil :

—Tout à l'heure, quand tu feignais la tendresse, je tremblais comme un enfant sous ton haleine parfumée, et j'allais céder à ton charme... Maintenant qu'un charme plus fort a percé l'enfer de ton cœur, c'est toi qui vas trembler devant moi... O Louve romaine, tu voulais envoûter Velléda à distance — et te voilà envoûtée toi-même dans le cercle de mon glaive.

(Il la fait reculer de quelques pas.)

Hédonia :

—Au secours, Némésis !

Celtil :

—Oui, invoque Némésis, ta déesse. C'est ton Génie sans doute. Il te ressemble ; c'est toi-même, mais plus terrible, plus implacable encore. Regarde-la bien ! Vois comme elle rougit de tout le sang que tu as versé ! (La statue de Némésis s'illumine d'une lueur rouge.) Crains le moment où tu passeras de vie à trépas. Car alors Némésis, l'inévitable, te recevra, et tu verras derrière elle tous les démons qui t'ont aidé dans tes crimes et tes victimes qui viendront fondre sur toi le couteau à la main!

(Hédonia frappée d'épouvante a reculé jusqu'au bout du cachot et reste plaquée à la muraille, les bras étendus, les yeux fixés sur la statue, devenue couleur de sang, et qui semble la tenir sous son regard.)

«Et maintenant il s'agit de sortir de ce cachot. Tarann, Dieu de la guerre, une fois encore je frappe ton airain. Geôlier, qui que tu sois, ouvre-moi cette porte!

(Il frappe d'un grand coup de son épée l'urne de bronze, qui retentit comme une cymbale. A ce signal, convenu entre Hédonia et le geôlier, la porte de la prison s'ouvre comme d'elle-même. On aperçoit une échappée sur la campagne verte, illuminée de soleil.)

«Vive les Dieux! Voici la lumière et la liberté! Merci, Hédonia Tarquinia tu m'as frayé ma route!»

(Il s'élance dehors en courant.)

(Hédonia est restée collée au mur dans une hallucination d'épouvante, en regardant la statue de Némésis. Aussitôt Celtil échappé, la lueur rouge s'éteint et la statue rentre dans la pénombre.)

Hédonia, comme sortant d'un cauchemar:

—Arrêtez-le! Arrêtez-le! (Elle sort par la porte, disparaît un moment, puis revient.) Trop tard! Il est parti!... (Elle reste immobile, frappée de stupeur.)

VIII

Le Dieu Nouveau

Chez les Bellovaques se trouve, dans la forêt druidique, le sanctuaire de Bélen. Les feuillages sont roussis par l'Automne et le vent secoue les chênes par brusques rafales.

A tout moment la forêt s'obscurcit sous les nuages noirs qui courent dans le ciel.

La prêtresse est assise sur les marches du Temple, la tête appuyée contre les parois de l'autel extérieur. Elle est immobile et plongée dans une méditation profonde. De temps en temps, une petite flamme s'élève du feu qui couve sous la cendre de l'autel.

Katmor :

—Lève-toi, lève-toi Velléda! La voix de la tempête clame la défaite de la Gaule. Debout, il faut partir, sinon tu seras la proie du vainqueur implacable. (On entend les sifflements de l'ouragan. Il s'y mêle une clameur humaine.) Entends-tu ces cris? Ce sont des Gauloises qui gémissent d'un nouveau malheur. Les coureurs annoncent l'arrivée des Romains. Corrée défend encore le passage du fleuve avec le reste des Bellovaques, mais, s'il est repoussé, Torquatus cernera l'enceinte du Temple... Il est temps encore de fuir... Resteras-tu clouée à ce sol comme une statue? Veux-tu livrer ton corps de prêtresse à la fureur des soldats, à la convoitise des Torquatus?

Velléda :

—Rien ne peut m'arracher de cet autel. Mon serment m'y lie. J'attends notre sauveur.

Katmor :

—Infortunée, il ne viendra pas.

Druidesse en délire, c'est toi qui nous as perdus, et qui nous précipites au gouffre avec toi. En toi vivait notre sublime espoir. Vierge intangible, vouée à Bélen, tu fus la prophétesse des Celtes. Dans un vertige d'amour, tu arrachas le gui du chêne de l'Ancêtre, tu suscitas le héros gaulois, mais tes yeux enflammés et ta voix palpitante lui instillèrent ton fol amour. C'est la magie de ton désir secret qui l'attira jusqu'aux mers d'Erin. Depuis que, dans l'île d'Inisthona, tes lèvres ont touché les lèvres du Brenn, tu n'es plus la pure prophétesse. L'héritière des Voyants antiques, la dernière pythonisse du Nord a vécu... Les Dieux nous abandonnent, les Druides se taisent et les désastres s'accumulent.

Quel étrange pouvoir est le tien sur ton père!... Malgré moi, tu m'as ramené sur le champ de bataille pour tenter un effort suprême... Mais voici la Gaule abattue, Celtil prisonnier, le sanctuaire en danger. C'est ta rivale qui triomphe, l'astucieuse Romaine, Hédonia Tarquinia, qui déroba, fatal présage, ta chevelure au bouclier de Bélen. Est-ce l'infernale magicienne qui t'envoûte ici? N'entends-tu pas le bruit de la bourrasque, le sifflement de l'ouragan? Es-tu sourde à la clameur des armées en déroute? Nos Dieux mugissent de colère en nous quittant. Regarde ces nuages noirs qui courent sur le soleil... Où est-il? où est-il ton Dieu maintenant?

Velléda, impassible:

—Mon Dieu vit dans mon héros —et je sais qu'il viendra.

Katmor:

—Celtil est captif à la Tour du Rhône. Le Brenn est dans les fers; aucune puissance humaine ne peut le délivrer.

Velléda se lève d'un bond.

—Tu crois cela, toi? Moi je sais... je sens... je vois autre chose. Si, dans un élan d'amour, j'ai jeté ma couronne de Voyante dans l'onde de vie à toutes les âmes qui aiment d'amour éternel, si je ne suis plus prophétesse, si les Dieux ont cessé de m'apparaître —je suis la Druidesse encore... Mon âme n'a pas perdu le pouvoir de voyager sur l'aile des vents et sur les flèches de la lune. Dans la nuit profonde, j'ai vu Celtil en lutte avec la noire magicienne. La Louve romaine l'enveloppait dans la pourpre des Césars, comme dans un filet de mort imprégné de son souffle impur... Alors je me suis élancée... Dans un transport d'amour je lui ai tendu l'Épée de délivrance... Il l'a saisie... et je l'ai vu partir comme un éclair qui déchire le ciel d'un horizon à l'autre!

Katmor:

—Tu as vu cela?

Velléda:

—Je l'ai vu. Et maintenant Celtil est libre, libre comme l'oiseau dans l'air, et rien ne pourra l'arrêter. Il accourt à l'appel bouillonnant de ce cœur qui ne bat que pour lui. Quand mes yeux le verront, quand mes bras l'étreindront, Bélen parlera par sa bouche. D'un rayon de ses yeux, d'un éclair de son glaive, la Gaule rajeunie renaîtra de ses cendres — et je serai de nouveau la Victoire volant sur ses pas.

(Velléda reste immobile, les bras étendus dans un transport d'enthousiasme.)

Katmor:

—Malheureuse égarée! Son délire d'amour la reprend...

L'Eubage:

—Des femmes gauloises et des soldats fugitifs ont franchi les palissades et veulent parler à la Druidesse.

Katmor:

—Pour lui montrer où nous en sommes, qu'on laisse approcher ces spectres de la détresse.

(Entre le groupe des femmes en haillons et des soldats dépenaillés, armée de haches et de piques.)

Une vieille femme:

—Nous sommes des veuves fugitives et sans asile. Je suis la clameuse de leurs douleurs et la porteuse de toutes les malédictions. J'ai vu le sac d'Avaricum, ma ville natale. Mon époux et mes trois fils sont morts sur les remparts de la cité, sous les boules de poix enflammée et les flèches à scorpion des Romains. Enfants, femmes et vieillards, réfugiés dans leurs maisons, furent massacrés. Nous seules avons échappé à la mort en descendant par une corde dans un précipice, d'où nous sortîmes en rampant. Or, je te le demande à toi, qui es prophétesse et magicienne, peux-tu nous rendre nos pères, nos époux et notre cité en cendres?

Velléda :

—Ceux qui sont morts pour la Gaule sacrée sont recueillis en gloire et en joie. Mais vous, les survivantes malheureuses, cessez vos pleurs. Vous retrouverez des époux et des cités. Des fils vaillants naîtront de vos flancs féconds. Quand Celtil reviendra, il vous comblera de biens, car le Brenn est puissant et Bélen le protège.

La vieille femme :

—Mais on dit que Celtil est mort.

Velléda :

—Il vit, te dis-je, et tu le verras.

La vieille femme, avec un geste de colère :

—Je ne te crois pas !

Un Gaulois :

—Je suis un débris de l'armée du malheureux Kynval. Regarde-moi et vois à quelle misère en est réduite la fière Armorique. J'ai vu le désastre de Bibracte, nos cavaliers emportés par le fleuve, nos archers égorgés dans un ravin. Ceux-ci sont du Rhône, de la Loire et du pays des Séquanes. Nous n'avons plus ni vêtements, ni feu, ni lieu, nous errons à la dérive. Dis-nous, toi qui es prophétesse et magicienne, peux-tu nous rendre nos foyers, nos terres, nos labours ?

Velléda :

—Attendez un jour, une heure. Espérez et croyez. Quand le Brenn reviendra, il vous rendra au triple tout ce que vous avez perdu.

Le Gaulois :

—Mais on dit qu'il est prisonnier à la Tour du Rhône.

Velléda :

—Je te dis qu'il est libre et qu'il viendra.

Le Gaulois :

—Bélen le fasse !

Une vieille femme :

—O prophétesse, je suis de ce pays. Regarde ces épis noircis par le feu, c'est l'image de nos champs brûlés par l'avant-garde de Torquatus. Vois-tu cet enfant? Il respire à peine. J'ai faim et n'ai plus de lait pour le nourrir. S'il expire, j'irai me jeter dans le fleuve avec lui. —Mais toi qui es prophétesse et magicienne, ne peux-tu pas l'empêcher de mourir?

Velléda, l'embrasse avec passion.

—Pauvre infortunée! Tu es sous la protection du sanctuaire: Sois notre hôtesse. Si ton enfant meurt, je mourrai avec toi. Mais il ne mourra pas... car Celtil va venir!

La vieille femme:

—Tu mens, fausse prophétesse, Druidesse de malheur! C'est toi qui es cause de nos tortures, c'est toi qui as déchaîné la guerre. Quand tu tenais l'Arverne révolté sous le couteau du sacrifice, ici, sur ce rocher... il fallait le tuer!... Au lieu de cela, tu l'as fait Brenn... et nous voilà perdus tous. Et tu ne sais rien et tu ne peux rien pour nous sauver. Sois maudite!

Katmor:

—Arrière, sacrilège!

Velléda:

—Le râle de toute la souffrance humaine me prend à la gorge...

(Elle cache son visage dans ses mains.)

L'Eubage, accourant.

—Épodorix, qui conduit l'avant-garde des Romains, a franchi le fleuve et marche sur le sanctuaire. (Il sort rapidement.)

Les Femmes:

—Les Romains! Les Romains!

(Elles sortent en poussant une clameur avec les soldats.)

Velléda, dans un frisson de terreur:

—Le souffle de la mort a passé sur mon cœur. Celtil n'est pas venu, et c'est Épodorix qui nous surprend... Mon rêve ne serait-il qu'un mirage... et tout est-il fini? Mon héros aimé, n'es-tu plus qu'une larve dans un cachot, qu'une ombre vaine dans l'immensité? (Ses mains ont l'air de chercher la couronne sur sa tête et font un geste de désespoir.) O ma couronne de prophétesse, ô ma voyance, qu'ai-je fait de toi? (Elle court à la roche du sacrifice et saisit le couteau.) Si je suis cause des malheurs de la Gaule et de la fin des Celtes, à moi de périr d'abord. Jadis je n'ai pas frappé Celtil parce que je l'aimais et que j'ai cru en lui. Frappe-moi maintenant, grand chef des Druides, pour punir la Druidesse infidèle qui voulut être l'amante d'un héros. Frappe, je t'en supplie, et délivre-moi de la vie.

(Elle lui tend le couteau.)

Katmor le saisit et le jette à terre.

—Maudit à jamais soit ce couteau cruel et impuissant! —O fille de mon âme, ô Druidesse sacrée, plutôt me frapper moi-même que de briser un cheveu de ta tête —toi, prophétesse de ma race, espoir de ma vieillesse, toi dont nous écoutions avec respect les oracles au bord de l'Océan ou dans les forêts sonnantes, toi dont le sein frémissant fut la lyre des Dieux, l'annonciatrice des héros!

Velléda:

—Alors les soldats romains se rueront sur le corps de la Druidesse et Torquatus Métellus traînera Velléda sur son char de triomphe à la risée de la populace de Rome!

Katmor:

—Non pas. (Il arrache un javelot d'un trophée placé devant le temple.) Avec cette arme, l'Archidruide défendra le sanctuaire jusqu'à son dernier souffle et, quand Katmor expirera, Velléda saura mourir de sa propre main, comme sa mère Strinadona... Puisqu'il faut mourir, mourons ensemble!

Velléda:

—O mon père, enfin je te retrouve!

Katmor:

—Et moi j'ai retrouvé ma fille!

(Elle tombe dans ses bras. Le tonnerre gronde dans la forêt qui s'obscurcit brusquement. La figure majestueuse de Hû Gadarn apparaît comme au premier acte dans le creux du chêne, mais plus vaporeuse et plus indistincte. Au lieu d'être nimbée de lumière blanche, elle flotte dans un halo verdâtre.)

L'Esprit de Hû Gadarn:

—Derniers enfants de la Gaule sacrée, écoutez, écoutez la volonté du Dieu des Dieux, qui règne dans Gwynfyd, au cercle de l'Éternité. —Les Dieux de l'Atlantide et du peuple des Celtes s'éloignent du monde des vivants... Ils cèdent le pas à un Dieu plus puissant. Les Romains eux-mêmes se courberont devant Lui. —Mais si Celtil rejoint la Druidesse avant de mourir, et si leurs âmes se mêlent dans le Feu... le Dieu nouveau viendra dans la Lumière... et des cendres de la Gaule chevelue naîtra une Gaule nouvelle...

Katmor:

—L'adieu de l'Ancêtre... Le signe de la fin...

Velléda, qui a écouté la voix dans une extase immobile.

—Celtil!... Le Feu!... Une Gaule nouvelle!...

On entend une clameur confuse et des voix criant: «Celtil! Celtil!»

Un Coureur arrive hors d'haleine.

—Celtil, avec ses cavaliers arvernes, a franchi le fleuve en attaquant les Romains. Épodorix est mort sous leur assaut dans la clairière du Grand Cerf... Une fois encore Celtil est vainqueur... Mais le voici lui-même...

(Il ressort en courant vers le village gaulois.)

Velléda pousse un cri de joie:

—Celtil! Celtil: C'est sa voix! (Elle fait quelques pas et s'arrête en voyant Celtil venir par l'allée.) Est-ce toi vraiment?

Celtil s'arrête à son tour. Ils se regardent étonnés.

—Oui... c'est moi...

(Il chancelle. Elle le reçoit dans ses bras. La tête de Celtil tombe sur l'épaule de la Druidesse, qui le soutient et le couve des yeux. Il reste un moment comme évanoui.)

Velléda:

—Quoi?... sans souffle... blessé... mourant?

Celtil relève doucement la tête.

— Non; ton étreinte me rend la vie... (Il se dégage et se redresse avec fierté.) Me revoilà debout!

Velléda:

— Gloire aux Dieux immortels... Il est ressuscité!

Celui se tourne vers l'Archidruide.

— O Katmor, reconnais aujourd'hui le pouvoir de ta fille. Malgré les murs de mon cachot, malgré les légions de Torquatus et les artifices de sa femme, malgré les fleuves et les montagnes, j'ai franchi tous les obstacles. Épodorix est tombé sous nos coups, son avant-garde s'est noyée dans le fleuve. Me voici prêt à défendre le sanctuaire dans le combat suprême, pour vaincre ou périr avec vous. Ni les Romains, ni les puissances infernales, ni les hommes, ni les Dieux ne peuvent séparer Celtil de Velléda. (Il prend la main de la Druidesse.) Regarde-nous: la Gaule est vivante encore.

Katmor:

— Pour combien de temps?

Celtil:

— Pour demain, si nous sommes vainqueurs; pour toujours, si nous mourons en vrais Gaulois.

Katmor:

— Tu dis vrai.

Celtil:

— Va dire à Corrée que je le rejoins dans une heure. Une heure... pour bander mes blessures et je retourne au combat.

Katmor:

— J'y vais. Puis-je arriver avant Torquatus! (Il sort.)

Velléda jette ses bras autour du cou de Celtil dans un élan de tendresse.

— O fleur de la Celtique, ô mon héros aimé, toi dont le courage n'a ni mesure ni frein... comme je t'ai senti venir, et comme je t'appelais! — Mais tu souffres... Ah, j'ai des philtres et des baumes pour tous les maux. Oh, laisse-moi panser tes blessures... Où sont-elles?

(Elle touche fiévreusement les tempes, la poitrine et les bras du Brenn.)

Celtil, souriant:

— O douce magicienne, le contact de tes mains les a guéries. Regarde!... Elles ont disparu. — Mais laisse-moi savourer cette heure merveilleuse. Comme un torrent qui bouillonne s'apaise dans un lac d'azur, le fleuve du temps s'est arrêté en moi... Il me semble... qu'une montagne s'écroule dans un gouffre... c'est ma mémoire qui se vide de tout son contenu... Un nouveau monde y entre d'un souffle d'ouragan. Le passé, l'avenir ne sont plus. Tout se condense en un foyer brûlant, sous ta présence magnétique. Entre deux batailles, laisse-moi savourer cette heure d'éternité dans la fuite sauvage du temps... avant que ne reprenne la lutte sans terme et sans répit...

Velléda:

— M'as-tu sentie près de toi, nuit et jour?

Celtil:

— Dans l'infini glacé de la séparation, parfois je sentais ton approche comme un souffle chaud.

Velléda:

— Je planais sur toi comme l'oiseau sur sa couvée. Que de fois je t'ai vu disparaître! mais pour te retrouver toujours.

Celtil:

— Dans le sombre cachot, où vint me tenter la Louve romaine, ton âme est venue, dans un éclair, et m'a montré l'épée libératrice.

Velléda:

— Terrible souvenir!... Je te sentais perdu dans les ténèbres... perdu à jamais pour moi. Pendant mes nuits d'insomnie, je te cherchais avec des yeux brûlants de fièvre. Quand je t'eus trouvé enfin, je ne savais pas si je te reverrais, mais je savais que tu étais libre, et je te vis partir comme un trait de lumière. Alors, des larmes de joie inondèrent mes joues comme un torrent délicieux...

Celtil:

— Oh! laisse-moi boire ces larmes divines, au bord de tes paupières, comme une rosée céleste.

(Il baise longuement les yeux et les cheveux de la Druidesse.)

Velléda se lève.

—O mon Celtil! ô fils du Soleil, il te faut un autre cordial que mes larmes... (Elle reste pensive et attristée)... Hélas! depuis que j'ai jeté ma couronne dans les flots, j'ai perdu ma science et mes pouvoirs!... J'ai pu t'attirer à moi, mais comment éviter les dangers et la mort qui nous menacent?

Celtil:

—Plus de danger, plus de menace, plus de mort, si nous pouvons enfin fondre nos vies, fondre nos âmes et nos corps!

Velléda, de plus en plus inquiète:

—Les Dieux sont loin, ils ne reviendront plus... Voilà le châtiment de mon amour pour toi!... Où est mon calme, où est ma paix? Qu'ai-je fait de ces lueurs qui sortaient de mon âme comme des éclairs?... En moi, je ne vois plus que trouble et chaos... autour de moi sont les ténèbres...

Celtil:

—A quoi rêves-tu, Velléda? Si tu m'aimes, les Dieux vont revenir. Si tu ne montes plus vers eux, ils descendront vers nous comme un fleuve de lumière et de feu, ils parleront par nos bouches!

(On entend le gémissement aigu d'une des harpes suspendues dans le grand chêne, dont les cordes se rompent.)

Velléda:

—Entends-tu le cri strident de cette harpe qui se brise? Quelque chose se déchire dans mon cœur. Il me semble qu'on va t'arracher à moi... Et maintenant, sans toi, je ne pourrai plus vivre!

Celtil:

—Qu'as-tu donc?

Velléda:

—Horreur! Nos ennemis approchent... Je la vois, la superbe Hédonia qui veut te prendre... Il est là le cruel Torquatus, l'assassin de ma mère, qui veut faire de moi sa captive, et peut-être me traîner dans son lit... Celtil, sauve-moi!

(Elle s'abaisse, la tête renversée dans les bras de Celtil.)

Celtil la retient et se penche sur elle.

—Ne crains rien, nous sommes seuls... nos ennemis sont loin...

Velléda relève la tête. Son visage change d'expression et passe subitement de l'épouvante au ravissement.

—Ah! si tu pouvais voir ce que je vois maintenant!

Celtil:

—Parle... j'écoute...

Velléda, se dégage et continue dans son transport.

—Jadis, dans l'île d'Inisthona, au murmure de l'Océan, mes regards essayaient de lire dans les astres. Nuits étoilées, je me souviens de vous; dans la constellation de la Lyre, j'aperçus deux soleils, un soleil jaune et un soleil bleu qui tournent l'un autour de l'autre. —Nos âmes, Celtil, sont pareilles à ces mondes. Elles se contemplent éternellement sans pouvoir se joindre... Mais maintenant il me semble que je vois ces astres plus près l'un de l'autre et tournant toujours plus vite...

Celtil:

—Le jour est proche où, par la puissance de l'Amour, ces deux soleils se fondront en un seul qui jettera au loin ses flammes et ses rayons...

Velléda:

—Oh! n'être plus moi!

Celtil:

—N'être qu'en toi!

Tous deux:

—N'être qu'un seul!

Velléda:

—Viens donc... car nous nous possédons par cette force qui n'a ni mesure ni frein!

(Ils se jettent dans les bras l'un de l'autre et s'enlacent d'une étreinte immobile. On entend un sourd roulement de tonnerre.)

Katmor arrive précipitamment.

—Malheureux! vous buvez la coupe d'amour sous le chêne sacré, et vous n'entendez pas gronder la foudre qui va le fendre jusqu'à la racine.

(Celtil et Velléda se lâchent brusquement.)

Celtil:

—Qu'arrive-t-il?

Katmor:

—Je marchais vers la boucle du fleuve, quand un coureur demi-mort me joignit en clamant la sinistre nouvelle: «Les derniers défenseurs du sanctuaire ne sont plus. Corrée est mort avec sa poignée de fidèles sous l'assaut de quatre légions. Les Romains marchent sur le temple.»

(Soudainement des femmes et des hommes crièrent tous en courant:)

—L'armée romaine! L'armée romaine!

Katmor:

—Torquatus est à dix portées de flèche. Il vient à pas pressés. Une autre légion approche du sud. On dit que la femme du proconsul la conduit.

Velléda, terrifiée.

—Hédonia Tarquinia?

Katmor:

—Elle-même. C'est la mort et l'infamie pour nous tous.

Velléda:

—La mort... après l'éclair du bonheur éternel!

Katmor:

—Oui, mes enfants, il faut mourir malgré le miracle.

Celtil:

—Alors, tombons en combattant. Il y a des armes ici et moi j'ai mon épée.

Katmor:

—Es-tu bien sûr de ne pas tomber vivant aux mains de Torquatus? Veux-tu couronner ta vie de libre Gaulois en te laissant traîner derrière son char de triomphe? Après avoir échappé aux morsures de la Louve, veux-tu finir entre les griffes du tigre? Mieux vaut mourir de nos propres mains. J'ai tout ce qu'il faut. Fer ou poison, que choisis-tu, Celtil?... que choisis-tu Velléda?

(Deux Eubages accourent avec des torches allumées.)

Premier Eubage:

—Torquatus approche!

Deuxième Eubage:

—Que faut-il faire du sanctuaire?

Velléda, à Katmor.

—Ni fer, ni poison. (Montrant les torches flambantes des Eubages.) Voilà le salut. O mon père, Katmor, et toi mon fier Celtil, pour la dernière fois, écoutez la Druidesse... Le Feu au temple! le Feu à la vieille forêt des Druides, dont jamais les Romains ne sauront les secrets. Mourons enseve-lis sous l'incendie des troncs et des feuillages enflammés et que nos âmes s'envolent sur la fumée de notre sanctuaire!...

Celtil:

—Tu l'as dit, ô ma Druidesse. Que le Feu allumé par nous sur cet autel nous engloutisse et nous délivre. Que le bois vénérable qui fut notre asile et le Séjour des Dieux, soit notre bûcher flamboyant. Du fond de la forêt incendiée où nous allons périr, que notre dernière étreinte défie encore nos ennemis. —Mais toi, Katmor, tu ne dois pas mourir. Dernier posses-seur de la science des Druides, conserve notre souvenir aux survivants. Quand l'heure sera venue, toi qui gardes la mémoire des choses passées, tu révéleras le Verbe antique au monde nouveau qui naîtra de nos cendres. —(Au premier Eubage.) Et toi, va porter mon épée au tombeau de Hû Gadarn, où dort Kynval. Cache-la bien au fond du dolmen. Celui qui saura quelque jour trouver cette épée, retrouvera l'âme de la Gaule.

(L'Eubage prend l'épée.)

Velléda:

—Allez! le temps presse. Le Feu! le Feu à la forêt!

(L'un des Eubages part vers la droite, l'autre vers la gauche. Velléda se jette dans les bras de Katmor. Pendant qu'ils s'embrassent silencieusement, on voit des flammes rouges monter dans la forêt et le feu serpenter entre les troncs. Bientôt l'incendie gagne les arceaux de la forêt et grimpe jusqu'au sommet du chêne de Hû Gadarn pour retomber sur le temple de pierre qui se couvre d'une épaisse fumée, sauf l'autel extérieur. Velléda rejoint Celtil et lui donne la main.)

Celtil:

—Par le Feu qui purifie, allons rejoindre Kynval, mon frère d'armes et les Ancêtres.

(Ils marchent, la main dans la main, vers l'allée de chênes illuminée d'une lueur cramoisie.)

Velléda se retourne à l'entrée.

—Adieu, mon père... Dans le Feu sacré, d'où sont sortis les Dieux et les Héros, nous allons célébrer les noces éternelles!

(Le couple pénètre sous la voûte et disparaît bientôt dans les vapeurs rouges, sous une pluie d'étincelles. Katmor, qui l'a suivi du regard, fait un geste de désespoir et rentre à pas lents dans sa demeure. A ce moment, le temple et la forêt ont presque disparu sous la vapeur bouillonnante de l'incendie.)

Le Premier Eubage revient... Torquatus arrive avec plusieurs légionnaires romains. A l'Eubage:

—Où est Velléda?

L'Eubage:

—Ne la cherche plus. Elle a péri dans l'incendie avec le Brenn.

Torquatus:

—La Gaule est terrassée... mais tu m'échappes, Velléda, perle de la Celtique... et son secret est mort avec toi! (Aux légionnaires.) Arrêtez l'incendie... Coupez les arbres à coups de hache.

Hédonia entre impétueusement avec d'autres légionnaires.

—Où est Celtil?

L'Eubage:

—Il a suivi la Druidesse dans ce brasier mouvant.

Hédonia :

— Que sont-ils devenus ?

L'Eubage :

— Ils sont morts dans les bras l'un de l'autre, sous une pluie de feu... Mais sache-le, illustre Romaine, ô fille des Césars, ils sont plus heureux que nous... Avant de mourir, ils ont savouré ici le nectar des Dieux en célébrant leurs noces éternelles...

Hédonia, consternée.

— Perdue ma vengeance !

Torquatus, revenant, s'avance vers Hédonia, l'épée à la main.

— Toi ici, monstre femelle, traîtresse à ton époux et à la nation romaine ?

Hédonia :

— Aussi bien que toi, j'ai ma part légitime à la curée de la Gaule, moi la fille des Césars, avec ma légion fidèle. Ma vengeance cherchait le Brenn fugitif. Si je l'eus trouvé vivant, j'eus plongé dans la gorge du traître ce poignard préparé pour lui.

(Elle tire un poignard de son sein.)

Torquatus :

— Impudente Furie, c'est toi qui l'as fait évader.

Hédonia :

— On dit cela, mais c'est faux. Le centurion coupable est mort par mon ordre.

Torquatus :

— Misérable ! Tu l'as assassiné, après lui avoir extorqué un faux aveu par la torture... Femme insensée, tu voulais faire du Brenn un César de ta façon et tu n'as réussi qu'à lui rendre la liberté... il t'a dédaignée... et malgré cela tu venais ici essayer encore tes charmes méprisés sur lui !

Hédonia :

— Et toi tu venais saisir ta Druidesse convoitée !

Torquatus :

— Pourquoi non ! C'est le droit du vainqueur.

Hédonia :

— Insolent ! Eh bien oui, je l'aimais ce Gaulois intrépide. Il était fort... et tu n'es qu'un faible impuissant.

Torquatus :

— Prends garde, te voilà démasquée et l'heure de ton châtiment est venue. Car je te hais, perfide magicienne. C'est par un charme maudit que tu m'as retenu près de toi, que tu as perpétré tous tes maléfices... La fauve toison de la Druidesse, mêlée à l'éclair infernal de tes yeux tentateurs, m'attirait malgré moi... Mais maintenant j'ai pénétré ton secret... je ne te crains plus. J'ai vu le fond de ta magie. Entre tes deux seins, gonflés d'ambition et durcis par la haine, tu caches la chevelure de la Druidesse... de cette Velléda que j'aimais sans la connaître, que j'aime encore... C'est par ce talisman sans doute que tu me rivais à ta chair en me trompant. Le charme capturé de Velléda, la vie subtile cachée dans sa toison et transformée par toi en fluide meurtrier faisait ta force... Mais maintenant, vipère, je t'arrache ton venin !

> (Hédonia, qui a reculé devant la colère de Torquatus, essaye de se défendre et veut le frapper de son poignard. Mais Torquatus lui prend le poignet et le lui arrache. Ils luttent un instant. Enfin Torquatus retire de la poitrine de sa femme la chevelure de Velléda cachée sous sa robe. Hédonia pousse un cri de bête fauve et s'affaisse sur la pierre du sacrifice.)

Hédonia :

— Lâche ! Malédiction sur toi !

Torquatus, brandissant la chevelure de la Druidesse :

— Voilà tout ce qui reste de la prophétesse des Gaules et des Voyantes du passé... Les célestes Génies se sont enfuis avec elle... Va-t'en donc, belle chevelure, effluve de ce corps qui attirait les Dieux eux-mêmes, dont le parfum suave irrite mon désir inextinguible, va-t'en mourir dans le feu qui dévore toute chose !...

> (Il jette la chevelure sur le trépied où couve la braise. Une flamme brillante en jaillit, qui s'éteint aussitôt. L'incendie de la forêt s'est

éteint graduellement. Quand les nuages de la fumée se dissipent, on aperçoit, comme sous une aube grisâtre et terne, la forêt noircie et brûlée. Le temple de Bélen n'est plus qu'un amas de ruines formant une sorte de rocher, derrière lequel monte un disque jaune et lumineux d'où partent des rayons. Sur ce fond se dessine la figure blanche et sublime du Christ ressuscité, les bras ouverts comme pour étreindre l'univers.)

Hédonia :

—Seraient-ils ressuscités ?... Que veulent-ils de moi ? (Elle recule.) Cette lumière me tue... Ah, leur Dieu est plus fort que tous les Césars... (Elle retombe sur la pierre du sacrifice et râle.)... Ils ont vaincu, je meurs...

(Dès l'apparition du Christ, Katmor est sorti de sa demeure. Il a maintenant l'aspect d'un vieillard, comme si des années avaient passé pendant l'incendie de la forêt. Ses cheveux ont blanchi et reluisent comme le givre. Toute sa figure porte un léger reflet de la vision.)

Torquatus a essayé vainement de regarder le Christ et se retourne vers Katmor.

—Quel est ce Dieu inconnu dont je ne puis soutenir l'éclat ?

L'Archidruide :

—Tu vois ici le Dieu d'une Gaule future...
L'Archange du Soleil, qui fait pâlir le Jour.
Le Christ ressuscité s'exalte en la Nature...
Il brise le tombeau puisqu'il est la Lumière...
Celtil et Velléda, marchant sous sa bannière,
Le briseront de leur Amour...
Car l'Amour éternel est le roi de la Terre !

Table des matières